顾客心理学是销售人员必学必会的一门

顾客行为心理学

希文 ◎ 主编

中华工商联合出版社

图书在版编目（CIP）数据

顾客行为心理学 / 希文主编． -- 北京：中华工商联合出版社，2021.1
ISBN 978-7-5158-2943-2

Ⅰ．①顾… Ⅱ．①希… Ⅲ．①商业心理学—通俗读物
Ⅳ．①F713.55-49

中国版本图书馆CIP数据核字（2020）第235856号

顾客行为心理学

主　　编：	希　文
出 品 人：	李　梁
责任编辑：	效慧辉
装帧设计：	星客月客动漫设计有限公司
责任审读：	傅德华
责任印制：	迈致红
出版发行：	中华工商联合出版社有限责任公司
印　　刷：	北京毅峰迅捷印刷有限公司
版　　次：	2021年4月第1版
印　　次：	2021年4月第1次印刷
开　　本：	710mm×1000mm　1/16
字　　数：	230千字
印　　张：	14
书　　号：	ISBN 978-7-5158-2943-2
定　　价：	58.00元

服务热线：010-58301130-0（前台）
销售热线：010-58302977（网店部）
　　　　　010-58302166（门店部）
　　　　　010-58302837（馆配部、新媒体部）
　　　　　010-58302813（团购部）
地址邮编：北京市西城区西环广场A座
　　　　　19-20层，100044
http://www.chgslcbs.cn
投稿热线：010-58302907（总编室）
投稿邮箱：1621239583@qq.com

工商联版图书
版权所有　盗版必究

凡本社图书出现印装质量问题，
请与印务部联系。
联系电话：010-58302915

前言

在推销的路上，要磨炼出自身的能力、要真正成为高手就要了解对手，客户就是我们的对手。

社会上都在说每个人都能成为客户，但他们会主动找上门吗？对推销员来讲，在家等客户上门，则什么也卖不出去，只有走出去，主动寻找客户才有希望。

客户是推销员赖以成长的源泉，因此都在竭尽全能地在寻找他们。有的人掌握了开发客户的技巧，因而处处是客户，生意很好做，而另外的一些人，他们虽然抱有一颗真诚为客户服务的心，却总是不知道客户在哪里，即便客户就站在他面前。

开发客户，一次详细的客户调查一定是需要的，我们可以通过展会、网络和电话等方式去联系他们。只有对客户做到知己知彼，才能在推销工作中无往而不利。

我们必须对客户有所有了解，把客户的性格、行业、年龄、爱好等等弄清楚。

虽然说人的心理是不容易看穿的，但推销员应该具有一定的心理学知识，通过接触和观察，直接猜出客户的身份、年龄、爱好或者他现在正想什么。通过预约，我们把客户请到了面前，于是获得了一次了解的机会，我们可以虔诚地去读他释放出来的所有信息，然后分析、整理、反应。

一般来说，我们可以从客户的言行谈吐、生活环境、表情习惯中揣测出一些端倪。这些行为习惯的存在，就是市场上的大趋势，为我们推销方向提供了依据。

只要摸准客户购买的心理，推销的艺术便靠自己去发挥了，而且一定能成功，因为条条大路通罗马。

这本《顾客行为心理学》将告诉大家"知己知彼百战百胜"的推销学道理。

目录

第一章　销售人员要做交际王

让客户一眼就记住你 /003

如何塑造第一印象 /005

握手不是随便的 /008

处处碰壁是常有的事 /010

这不是卑微乞怜的职业 /012

练就逻辑语言能力 /013

抓住顾客的好奇心 /015

从细节来观察与判断 /016

以百倍信心展现自己 /018

培养自信的小点子 /020

第二章　从行为心理上了解顾客

首先做好群体调查 /025

对待不同年龄层的客户 /028

在展会上推销 /030

潮流就是从众心理 /031

"按住"东挑西选的顾客 /033

察觉到顾客隐藏的购买心理 /035

对客户开门关窗 /037

辨别顾客的忠实程度 /038

第三章　全力追踪准客户

选对池塘钓大鱼 /043

不要忘了留意路边 /046

找到有决定权的关键人物 /048

新人必读的寻找客户法 /052

任何地方都存在客户 /055

信件，遍地撒网找客户 /056

电话——寻找客户一线牵 /057

"扫楼"的是与非 /059

只要每天多主动做一点 /061

第四章　控制你与客户的情绪

不要做情绪的奴隶 /067

学会调节自己的情绪 /069

自制才能制人 /071

提起面无表情者的喜悦 /074

你的笑容是会传染的 /076

还在犹豫？那就趁热打铁 /078

以和气平息怒气 /079

从"表面功夫"做起 /081

第五章 轻松应付各种性格客户

顾客一味讨价,却不报价 /087

顾客嫌老板小气,没礼品送 /089

有抱怨好过没抱怨 /090

倾听是首要的推销步骤 /092

让挑剔的客户快速下决定 /094

与外向的客户聊天 /097

给懒惰的客户便捷 /098

注意顾客的肢体语言 /100

应对客户的意外情况 /101

第六章 正确处理各种异议,打消顾客疑虑

没必要逃避客户的异议 /107

价格异议:把握"利益"是关键 /109

服务异议:给顾客想要的答案 /110

产品异议:给顾客承诺与信心 /111

货源异议:做正确的解释 /113

自我异议:先肯定,再说服 /115

测试:你是否很具有说服力 /117

订单也是有力的说服工具 /118

第七章 解决最后的交易问题

假设成交法的巧用 /123

麻烦的赖账与催款 /125

杜绝拖欠,防患未然 /127

几种实用讨价还价技巧 /129

讨价还价,切莫杀死价格 /132

正解看待收款问题 /133

合理要账，有效催款 /135

缔约的重要性 /136

成交关头多留意 /138

最后赠送一张感谢卡 /139

第八章　最后的最后也不放弃

销售伴随着被拒绝 /145

被拒也要留下好印象 /147

用思维转化来回应拒绝 /148

挽救被投诉的命运 /150

始终坚持售后服务 /152

同甘共苦的团队精神 /154

下决心再向虎山行 /156

再次敲客户的门 /158

化解各种借口，把拒绝变成订单 /160

持之以恒去创造奇迹 /161

第九章　那些拒绝过我的客户还有价值吗

世界上没有永远的拒绝 /167

希望不死，奇迹就能发生 /169

听懂"不"的潜台词 /171

正确引导客户的需求 /173

找到客户的软肋 /176

来之不易的人脉 /177

建立人脉的推介系统 /179

永远不要和客户争辩 /182

让客户自我肯定 /184

第十章　怎样让时间变得更多一些

凡事并不急，成功自会来 /189

利用时间要科学化、有效化 /191

制订推销计划很重要 /197

早起的销售员有"肉"吃 /199

一生之计在于勤 /201

做好每日收尾和明日计划 /202

利用好那些零星的空余时间 /205

与其抱怨，不如改变 /209

时间不该花在小订单上 /210

节省时间，帮人也为己 /212

第一章
销售人员要做交际王

随着时代的进步，越来越多的行业运用了高科技，使得工作效率提高，信息传播的便捷快速。于是许多的行业开始没落，原因就是不再适应时代而被时代抛弃。但推销是无法被取代的，就是因为它要深刻地考虑如何交际。

在推销的交际过程中，一环扣一环，而其中的面对面交谈是重要、困难与微妙的一环。在面谈的过程中，一个专业的推销高手，能通过面谈将客户的"不买"改变成为"买"；而一个生手推销员，只会令原本打算"买"的客户掉头而去。你在面谈过程中的言行举止直接决定客户决策的选择。

让客户一眼就记住你

销售者常常会议论说这个客户好交谈，那个客户太抠门。但有形形色色的顾客也有形形色色的销售者，反过来客户也会对销售者进行比较，说这个销售者总是迟到，素养不行。人的一生会遇到无数人，但又能记住几个人呢，在那些记住的人中，多是不曾见过几面的，对他们的印象往往是在前几分钟内形成的，即第一印象。

不要指责别人以貌取人，谁愿意跟穿着邋遢的人谈话呢？人们总是通过你的穿着对你形成第一印象的。你的穿着自然左右着他人对你的评价，甚至也左右着他人是否有心思跟你进行一场谈话。

几年前，美国有一位学者研究衣着对个人事业成功的影响，最后得出的结论非常惊人。他根据这项结论写成的一本《迈向成功的衣着》，成为全美的畅销书。该书用大量的事实论证了这样一个观点：人的衣着打扮与成功有着莫大的关系。

某报刊曾报道过这样一件事：一位外商到内地某食品厂洽谈一笔大生意。接待他的一位经理是个不修边幅的人，身上的衣服好几天没洗，发出一股呛鼻的汗臭。外商见状，一语未发，掉头就走。事后，他说：连工厂的管理者都这么不讲卫生，我怎能放心与他们合作！一桩大买卖，就因为衣冠的不整而搞砸了。

作为销售者，衣着一定要干净、得体，给人以清爽干练的感觉，一定要引人注意却又不失轻浮。推销界流行的一句话就是：若要成为一流的销售者，应先以整洁得体的衣饰来装扮自己，这也是对顾客的尊重。

销售者坐的要领是稳重，所谓"坐如钟"就很好地描述了这种状态。要做一个有素质的人，在入座的时候一定要文雅，不要弄得桌椅乱响；在坐下的时候，坐姿要挺，不要东倒西歪，坐下后两腿之间不能过于叉开，显得很放肆。当然整个过程中，也不能随便搬动椅子。如果在正式的场合，请不要把椅子坐满，甚至整个人陷在沙发里。

一个良好的坐姿，可以通过训练的方式慢慢养成。方法是：入座时，走到座位前面再转身，转身后右脚向后退半步，然后轻稳地落座，收右脚。要求动作轻盈舒缓，从容自如。接下来面对训练镜，练习入座动作。以站立在座位左侧为例，先左腿向前迈一步，右腿跟上并向右侧迈一步，走到座位前，然后左腿并右腿，接着右脚后退半步，轻稳落座。

入座后右腿并左腿成端坐姿势，双手在虎口处交叉，右手在上，轻放在一侧的大腿上；最后面对训练镜，练习腿部脚部造型。在上身姿势正确的基础上，练习腿部的造型，按要领逐一练习双腿垂直式（正襟危坐式）、垂腿开膝式、双腿叠放式、双腿斜放式、双腿交叉式、双腿内收式、前伸后曲式、大腿叠放式等坐姿；面对训练镜，练习离座动作。离座起立时，右腿先向后退半步，然后上身直立站起，收右腿。从左侧还原到入座前的位置。

一个人拥有良好的坐姿，不但有益于身心健康，还会给人以修养良好、诚信可信的感觉。这种感觉不正是客户喜欢，而销售者孜孜不倦追求的吗？

所以，每个销售者都应该从现在做起，塑造出稳重的坐姿。

站姿也是销售者职业素养的一种体现。站姿良好能给人朝气蓬勃的感觉，让人与之打交道感到心情愉快；而一个弯腰斜肩的人，处处显示出颓废的姿态，给人一种无力的感觉，因此也让人不放心与之合作。老人们常说："站有站相，坐有坐相。"怎么衡量一个销售者的站姿呢，其实也是三个字"站如松"。就是说，销售者的站姿要像青松一样挺拔。要做到这一点，一定要克服那些不良的站姿。

要拥有优美的站姿，还必须养成良好的习惯。站姿优美，身体才会得到舒展，且有助于健康；若看起来有精神、有气质，那么别人能感觉到你的自重和对别人的尊重；并容易引起别人的注意力和好感，有利于社交时给人留下美好的第一印象。

走姿又称步态，走姿要求"行如风"，是指人行走时，如风行水上，有一种轻快自然的美。销售者每天都在和客户打交道，在与客户交往时，不但要有意识地把握坐与站，同时也要注意自己的走姿。有经验的客户都会知道一个道理：有自信，有干劲的人走路必然昂首挺胸，生龙活虎，相反，那些走姿散漫，有气无力的人肯定是缺少活力不值得委以重任的人。因此推销员的行走必须具有朝气，表现为优雅、稳健、敏捷的走姿，给人以美的感受，产生感染力，反映出积极向上的精神状态。

以上介绍的衣着和行为举止都可以塑造出有涵养的第一印象，这种印象的培养不仅是职业素养的提升，也是提高生活交际圈档次的良药。

如何塑造第一印象

销售者，现在你征服了前台，终于见到了想见的人——客户，他坐着、站着、在等候你的到来或者正处理手中的事务，不论如何，剧幕已经拉开，如何征服客户，给客户留下良好的第一印象，以及如何打造一个经典的开场白，把客户的注意力自然的引向产品，就要靠销售者发挥自己的才智了。

如何给客户留下良好的第一印象？在此，先探讨一条生物界的法则：小鸭子出生后总是本能地跟随它第一眼看到会动的物体，也许是它的妈妈，也许是一只小羊，当然，如果是一只鹰或者一只花猫情况就太糟了。

人类也有类似的现象，我们称为第一印象，研究表明，一个人给另一个人的第一印象通常来源于前六秒的认识和判断，也就是说这六秒像黄金那么贵重，他左右着一个人对另一个总体评判，而且终其一生很难改变，因此我们称之为"黄金六秒"。销售员怎么利用好黄金六秒，对于销售的成败至关重要。

首先，眼神里要有善意。客户看你的第一眼总是从眼睛开始，一双诚恳的眼神当然更容易打动客户的心。运用目光要注意：不得死死盯着别人不放，那样很容易造成对方的不适感，客户会避开你的直视目光，但他却会因此有被侵犯的感觉。应该用自然柔和的眼光看着对方双眼和嘴部之间的区域。当然，也不可以眼神游移显得心不在焉。

其次，要运用微笑。微笑是很重要的，自然的微笑代表着友好的开端，笑容同样也可以转化为你销售中的价值。

在客户未开口之前，微笑说主动招呼："李总，早上好"；"王经理，你好"，你的礼貌肯定会引起对方的注意。递上名片后再自我介绍。可以对自己做一个简洁而生动的介绍，并对客户的接待表示感谢。

要学会缓和气氛。经量营造一种友好轻松的气氛，避免那种销售员如临大敌，而客户却感到死板无味的谈话氛围。

在经过短暂的自我介绍后，销售员已经在客户心中塑造了初步的印象，接下来，就要进行开场白。塑造形象我们只能用六秒，而一个开场白，我们也只有三十秒时间。原因很简单，你不是足够幽默，普通人对你的自我介绍注意力不会很久，一般为三十秒左右，之后他们就会转意注意力。如果这时候你的开场白还是又长又臭，不知所云的话，谁愿意陪你玩这么无聊的游戏？

开场白几乎可以决定60%以上的推销成败，如果你的开场白够精炼，够吸引人，客户就有兴趣听下去。那么怎么准备一个精彩的开场白呢？

开场一定要简洁，因为你只有30秒的时间。这30秒你可以说的内容又很多，千言万语浓缩下来，就应该就是字字精华。如："×经理好，我是某某公司的××，今天是特意来向你展示我们公司的新产品的，这款产品正好可以替贵公司节省成本。"

开场白也要富有创意性，没有创意性的开场白是引不起客户兴趣的。就算天天对着嫦娥也能看厌，对于美，还有一个"审美疲劳"的说法，何况对于一个陌生人的开场白，每一位客户都可能面对过众多的销售员，如果大家都说一样的开场白，当然不足以引发客户的兴趣，所以要有必要的创新。

在进行开场白时切忌以自我为中心。一个自我为中心的人容易引起客户的反感，他们一段话说下来最多的字就是"我"或者"我们"，处处表现自己抬高自己，完全搞不清自己的位置。当然销售员很少犯这样的错误。

根据开场白的三原则，有人提炼出一种三段式的开场白。这种开场白虽然略嫌公式化，但是却很有效。

1. 提出议程：如"×经理，你好，我是××公司的××，是负责××"，让客户明白，你是就谁，来自哪里，你是针对什么问题和他沟通。

2. 陈述议程：如"×总你好，我公司最近生产的打包机是一种高效的包装设备，一台打包机可以替你省下三个以上打包工人。"让客户明白，你带来的产品对他具有很大的价值。

3. 约定议程："×总，你看抽点时间咱们具体谈谈可以吗。"和客户就这一问题进行沟通，可以有效地让客户参与进来，并花不太多的时间和你初步商讨一番。

有人说："一个能够吸引人的开场白，就已经销售成功了一半。"销售员在与客户沟通的过程中，一段好的开场白能够起到的作用不仅仅是成功地向客户介绍自己以及自己要推销的产品，而且还为后来的良好沟通奠定了坚实的基础。结合三段式的开场白，销售员员也可以多发挥一下自己的创造力和想象力，总结出一些别出心裁，引人注目的开场白来。

赞美开场。"王老板在吗，我是××公司这一片区的销售主管刘某，我经常从你家商店经过，这么多年了，你这商店怎么一直红火呀，太了不起了。"赞美一下对方，在赢得对方好感之后，再进行后面的步骤。

问题吸引。客户一旦回答了你的问题，你就成功了一半。一家洗衣店要销售员在胸前别上一枚大型别针，上面写道："这个能喝吗？"不出意料引起许多人注意，纷纷前来打听是什么意思；出人意料的开场，一名保险推销员在自我介绍时的开场白是这样的："威廉先生，假如我告诉你我是什么行业，你大概会立刻把我扔出窗外！"

故事开场。销售员也可以通过一个故事或笑话开场，不过笑话必须和销售有机结合起来，达到吸引客户的目的。

名人效应。"这款空调我们都说好"绝对不如"英国女王用的就是这款空调"效果强烈。电视广告正是利用观众的从众心理开始推销的。

赠送开场。如："听说你有一个十分可爱的女我儿，我这次路过玩具店特意给她卖了个布娃娃，希望她喜欢。"东西虽然小，但情谊在，你接下来的话，对方就不好拒绝了。

握手不是随便的

你今天是否热诚地握过别人的手？还是你是敷衍了事解决问题呢？你知道从一个人握手的方式可以看出许多关于这个人的心理吗？

在20世纪，人们在和职业妇女握手时，礼貌上是不会紧握着女士的手。然而，随着时代的改变，在这个销售业的新纪元里，女销售员在这个行业里也相当活跃，而且她们在与别人握手时也表现出和男销售员一样的方式，她们会紧握住别人的手以示重视。

同理，作为男性销售员，同样应该紧握住女性客户的手，以示热情。但有两点需注意：一是不要握疼了对方手；二是不要握住女客户的手"舍不得"松开。

一般来说，握手的方式有三种。

1. 展现热诚型

用这种方式握别人的手通常是个有高度学习欲望，并且充满活力、热诚和时常追求新知的人。当他紧握着别人的手时，也同时传达了他的热诚。虽然他握得很紧，但不至于弄痛别人。并且在他握着别人的手的同时，他会看着对方的眼睛表示尊重。

2. 中规中矩型

这也是另一种常见的握手方式。这种人只会轻轻地握着别人的手，然后立即将手抽开。他的羞怯可能是因为并不想和别人太过亲密之故。这种握手方式通常是暗示，他对于这个初次谋面的人感觉不自在。他试图用这种勉强的方式筑一道肉眼看不到的墙来保护自己。如果你的客户用这种方式和你握手，你必须多给他点时间来放松他对你的戒心。你不妨借一些较为柔性的话题来缓和他的不安。

3. 毫无诚意型

对于销售员而言，这是你该避免的一种握手方式。如果你用这种没有感情、毫不在乎的握手方式来推销你的产品，你将给别人一种冰冷又严肃的感觉，你的客户可能因此而再也不敢握你的手了。用这种方式握手的人透露出他不满意的信息，他对自己目前所做的事缺乏兴趣，他表现出一副无所谓的态度。

总之，去试着握你朋友、亲人的手，然后问他和你握手的感觉如何。除非通过别人，否则你绝不可能知道自己是用哪一种方式握手的。

当你再有机会和客户握手时，别忘了用热诚的手去紧握，你将会看到那样的握手方式可以创造神奇。

处处碰壁是常有的事

有些新手销售员刚从事工作时豪情万丈，对销售工作、对企业以及对自己所销售的产品充满无限热情，可是工作没有多久，就会抱怨说："哎！现实情况远非我最初想象的那样美好，客户往往给我的热情泼冷水，种种挫折已经把我的兴趣和热情消磨掉了。"因此，在客户面前也不自觉地表现出一副意志消沉、萎靡不振的样子。可想而知，这种落魄、对自己没有信心的形象客户怎能有好感？怎能相信他们能提供到位的服务？

诚然，对于竞争激烈的销售工作来说存在很多挫折和不利因素，诸如客户的不理不睬、竞争对手的挤压、企业内部的压力还有家人的不理解等等，这些都是对销售人员的积极性和热忱态度的考验。碰壁对于销售员来说是常有的事，如果经受不住这些考验，垂头丧气，等于先从心中否定了自己。

还有些销售员面对冷酷的现实无可奈何，甚至干脆向顾客请求说："请您帮我这个忙吧，我必须养家糊口，如果我拿不到这个订单，真不知道该如何……"当他们提出这样的请求时，客户似毫不会同情他们，只会厌恶他们。

销售行业最忌讳的就是销售员自身悲观失望。生活并不会同情弱者。如果在客户面前表现得愁眉苦脸、卑躬屈膝不但不会得到对方的好感，反而会让他们大失所望。他们会怀疑这样的销售员是否具有从事这项工作的能力？他们会考虑如果自己与这样没有自信心的人交往会影响经营的进度和业绩。另外，客户的这种厌恶情绪甚至会波及其他销售员身上。这种方式不但对销售员本身有害，而且也是这个行业的致命伤。低三下四的推销，不但会使商品贬值，也会使企业的声誉和自己的人格贬值。因此千万不要向客户发出悲观的信号。

在这方面，推销专家原一平的做法正相反。他对保险行业充满了信心。他有钢铁般坚硬的意志，不论遭遇怎样的打击，始终让自己保持一副胜利者的形象。即便他工作不顺利、生活困苦也不在客户面前流露自己的悲观失望。

当原一平好不容易过五关斩六将成为一名"见习保险推销员"时,等待他的却是没有办公桌、没有薪水,还常被老推销员当"听差"使唤。因为卖不出去保险,没有薪水,他只好走路上班,不吃午饭,以公园的长凳为家,遭受客户的拒绝更是家常便饭。可生活再困难,工作再不顺利,原一平都不会在客户面前流露出来,相反还要振作精神,以胜利者的形象出现。他经常对着镜子这样大喊:"我是全世界独一无二的原一平,有超人的毅力和旺盛的斗志,所有的落魄都是暂时的,我一定要成功,我一定会成功。要向世人证明我是最好的销售。"他这样自我激励也是为了给客户以信心,不论从外表还是从内心。

大家都知道,原一平只有145厘米,很难找到合身的西装。即便找到合身的,他当时的经济条件也不允许购买新衣服。但是,他不能让客户看轻自己,于是旧货市场成了原一平经常光临的地方。有一次,在公园的"长凳"上睡觉时,一觉醒来,乞丐捡走了他唯一的一双皮鞋。他从垃圾桶找到一双大头鞋,穿着这些去旧货市场买了一双合适的皮鞋。他不但从外表上要表明自己充满自信,而且对遇到的每一个人都露出真诚且自信的微笑。结果,他这种胜利者的形象给了人们很大鼓舞。

一天早晨,在原一平走往公司的路上遇到一位经常在公园锻炼中年绅士。双方很自然地打过招呼后,他跟原一平聊了起来。

"我看你每天笑嘻嘻地,全身充满了干劲,生活一定很幸福吧!"

"托你的福,还好。"

"哦,请问你在哪里高就啊?"

"我在明治保险公司当推销员。"

这位绅士邀请原一平吃早餐,得知原一平吃过早餐后,他突然说道:"既然你没空让我请你吃早餐,那我就在你那儿买保险好啦!"

这句话让原一平突然呆住了,这是他完全不曾预料到的。原来,这位绅士是附近一家大酒楼的老板，也是三业联合会的理事长。因为看到他这副快乐自信的形象，认为他业绩不错，有工作能力，因此也乐于和他进行业务往来。假如当时原一平一副落魄的样子，中年绅士恐怕会离他远远的。在一个做事业的人看来，没有一帆风顺的事情，遇到困难就悲观丧气才是他们最看不起的。而原一平就是凭着自己始终保持的胜利者形象赢得了自己的第一笔大订单。

为什么原一平屡屡碰壁还会如此自信乐观？对此，很多颇具实战经验的销售能手都认为，他们能创造出比别人出色得多的优秀业绩，原因就是不论遭受怎样的挫折，从不承认自己是无能的，是运气不好的；不论遭受什么样的打击，他们对工作的热情不变，一直踏踏实实，乐观向上。

这不是卑微乞怜的职业

销售这件事并不一定要和嬉笑、饮酒有关，这之中也没有逢迎谄媚，以及贿赂和私下交易的事情，最重要的是它也不意味着一个销售员需要向别人打躬作揖才能完成一笔生意。

你对销售这一行真正的感觉是什么？许多销售员在这一行当中找到了自我满足和挑战的感觉。身为一个销售员应该以销售为荣，因为它是一份值得别人尊敬以及会使人有成就感的职业，如果有任何方法能使失业率减低到最低，销售即是最必要的条件。有一则研究显示一个普通的销售员可为30位工厂的员工提供稳定的工作机会。

既然推销业在我们的经济中扮演着如此重要的角色，那为什么会有很多人仍然讨厌销售人员呢？

销售这一行，因为有着许多不专业的销售员四处纠缠客户，或是强迫或是乞求，有时甚至使用欺骗手段。当情况看起来似乎大势已去时，销售员常为了不想一事无成地失望回家而降格以求，他或许会向客户请求说："××先生，请您帮帮我吧？我必须养家糊口，而且我的推销成绩远远落后于别人，如果我拿不到这一笔生意，我真的不知道该如何面对我的老板了！您可以帮我这个忙吗？""

这就是所谓的乞讨式推销。这种方式不但对销售员本身不利，也是这个行业的致命伤。当一个下手员提出那样的要求时，客户会怎么看待呢？我真的不知道，但是我可以确定一件事，那就是那位销售员再也不会受到这位客户的欢迎了。

乞求别人购买你的产品是一种绝望的征兆。它勾勒出一幅不安全、不稳定和欺骗的画面。这是失败者的做法。赢家绝不会去乞求别人的施舍，他们只会努力地使自己的工作变得更好更优秀，他们以自己的工作为荣，也以满足客户的需要为荣。

当代伟大的推销员乔·吉拉德说："每一个推销员都应以自己的职业为骄傲，因为推销员推动了整个世界。如果我们不把货物从货架上和仓库里面运出来，整个社会体系的钟摆就要停摆了。"

练就逻辑语言能力

没有逻辑能力的推销员常常不按牌理出牌，他们往往太过在意自己在这一笔生意中所可能得到的佣金，以至于有时他们会在示范产品或处理种种疑问前，急于想做成这笔生意而省去循序渐进的步骤。

例如，一个保险新手一见到他的客户，可能劈头就会问："你有买任何的保险打算吗？你是不是为自己的财务方面做了某些规划了呢？"如果客户的答案是否定的，这位新手不但没法把握这个机会去将产品介绍给客户，反而用釜底抽薪的方式问道："你为什么不让我来为你服务，买我们公司的寿险呢？你一年只需要花人民币3000元即可。你认为如何？"这位新手的做法你认为如何呢？我认为他有的只是傻劲而没有丝毫的专业精神，仅此而已。

我们所做的每一件事应该都要有先有后。不论是开车还是使用电脑，你都要遵守某些特定的步骤才行。

当你发动车子时，你把档位放在四档而不是放在一档上，请问会发生什么事？你的车子一定会熄火。同样，如果你不通过电脑屏幕或键盘、鼠标等想把资料输入资料库，那将会是一项非常复杂的工作。因此，当我们在推销产品的时候也一定要遵循某些规则，因为如果你没有逻辑表达能力的话，客户是很难明白其中的道理的。

请你切记推销的六个步骤：

第一个步骤：生意上的访谈；

第二个步骤：方法；

第三个步骤：示范产品；

第四个步骤：鼓励客户尽量发问，然后有技巧地回答他们的问题；

第五个步骤：请客户考虑购买产品；

第六个步骤：准备成交这笔生意。

生意上的访谈是你销售的第一步，在访谈中，你应尽量收集有关客户需求的资料，然后你再慢慢地将访谈的主题带出来，为你的客户简单介绍你的产品和公司的优点，这自然可以使接下来的产品示范变得更具说服力。

之后，在第四个步骤中请你鼓励他们多发问。在你请客户考虑购买产品之前，你必须先有技巧地回答他们所有的问题，如果客户满意你的回答，你就可以进行最后一个步骤，将这笔生意成交。

另外，要注意在某些国家的某些特定的日子里，销售人员是不可以从事推销的，或者他们不被允许加入某些特定的俱乐部，或者他们必须是大学毕业生才能成为一位销售员等等各种不成文的规定。

因此，在这些国家里，销售人员就必须依当地的规矩来做事。

当你能守住原则时，事情才会变得有理可循，制度才会使你的生活变得快乐一些。你笑的次数增多了，挫折也就相对减少了。

抓住顾客的好奇心

不知道大家有没有这样的经历：跟客户介绍半天，他对你说的话却丝毫不感兴趣，摆摆手就说不买了。

这种现象其实太常见了。营销界有个著名的电梯法则，它设想了这样一个场景，假如你和客户一起乘坐电梯，还有30秒电梯就到1楼，此时你该怎么利用这30秒来做一次推销。

最简单的办法是什么呢？当然是唤起客户的好奇心，原因也很简单，好奇心是人类所有行为动机中最有力的一种。

现在商业营销太多，顾客每天接触到各种五花八门的营销，早就厌烦了。如果你还是用老方法来做营销，那他肯定不愿意听你多说。此时，最好的办法就是用三言两语唤起他们的好奇心，让好奇心留住客户，实现有效的营销和快速地成交。

怎样用三言两语唤起客户的好奇心，这里我给大家提供两种技巧。

第一种，提一些激发性的问题。提这种问题的目的是激发顾客的兴趣和回答欲望。

举个简单的例子，很多家长给孩子报辅导班时都有一个习惯，孩子哪门功课差就报哪门。但是，孩子的精力是有限的，他学了这门，那一门的成绩就可能会出现下滑，这也让很多家长头疼。

有一家培训机构针对这种情况，就打出了一个"全科辅导"的卖点，比如说，孩子的数学成绩不好，他们会重点培训数学，但也会照顾语文、英语这些课程，给他们来全方位的提升。

这家培训机构的销售在面对客户时都是用激发性问题开场的。他们一般会问家长"您家的孩子有没有这种情况，他补完了这一科，那一科的成绩又下降了？"或者问他们"假如我们学校可以给孩子全科辅导，让他每一门的成绩都能上去，您觉得怎么样？"

提这种激发性的问题可以引导客户，让他们的观点和你保持一致，并且产生共鸣，这样，他们自然就对你的产品和服务感兴趣了。

第二种说话技巧是利用"新"来吸引客户。就是利用新的卖点来吸引顾客的眼球。

新的东西总能吸引别人，这点也很常见。每次苹果新机型发布后，排队购买的人一眼望不到头，为什么，因为这是新款，果粉们想尽快体验。

同样的道理，如果我们能在营销时把产品或者服务中新颖的点单独提炼出来，那也能吸引客户的需求。

比如现在的5G手机刚面世，如果你是卖手机的，就可以拿这个作为卖点吸引客户，告诉他们，这是最新的5G手机，想不想来体验一下。如果是你，会不会动心，会不会想了解一下？

这就对了。不管是激发性的问题，还是利用新的卖点来吸引顾客，最后的目的都是为了唤起客户的好奇心，让他对你或者你的产品感兴趣，而这种好奇心，最终也会成为你开单的最大帮手！

从细节来观察与判断

细节是魔鬼，以小见大，从细节中能识真人。在销售实战中，销售员要善于解读客户的一颦一笑、一举一动、从细节把握客户的心理、情绪的变化，因势利导，将推销引向成功。客户的细节动作主要体现在以肢体语言、眼神容、语言等方面。

首先我们应该从肢体语言的角度去认识客户，每一个人都会说谎，也会掩饰自己。可以说遮盖自己的意图是一种本能。谎话可以欺骗人，表情可以欺骗人，但是有一种不自觉的语言，一定会暴露出主人的真实意图，这就是肢体语言。由于这种语言是不经意，或者下意识的，所以可信度就高。

客户常见的肢体语言有：

1. 点头与摇头：在大多数习惯中，点头都表示肯定，而摇头都表示否定。如果你在说话的时候，对方频频点头，那就证明他赞同你的观点，即便他提出若干异议和问题，总体上他是认可你的。但如果他嘴上没说什么，或者也附和着你，但却不时摇头，那他肯定是对你持否定态度。

2. 掌心向上：如果客户拒绝你时，掌心向上，那就是真的在拒绝你，掌心向上代表真实想法。

3. 双手互搓：客户如果双手互搓，说明他真的想要。

4. 手摸鼻子：摸鼻子代表可能会撒谎。

5. 摸脖子：表示客户不肯定，就算他嘴里说好好，其实他也没下决心。

6. 抓耳朵：说明对方已经坐不住了，别再讲了。

7. 摸下巴：表示考虑中。

8. 抱手叠腿：表示拒绝，销售员可以想办法转移他的注意力，让他放松。

9. 双手合掌：掌尖向上。表示对之前体态语言所示的情绪肯定，并坚持。

10. 双手合掌：掌尖向下。如果之前体态语言正面，表示他对你有好感，如果体态语言负面，表示否定。

除了肢体语言外，我们也可以从客户的眼神中准确领会客户意图，因为眼睛是心灵的窗户，人心里的想法都能通过眼神流露出来。

可以观察客户的瞳孔，如果客户的瞳孔放大，表示他很感兴趣，人在兴奋时，瞳孔会比平常大四倍。当生气和情绪低落时，瞳孔会缩小。当看到产品时，客户的眼睛睁大，瞳孔放光，这表明他对你的产品有兴趣，要抓住机会。反之，如果客户的眼神中没有流露出兴奋的神情，你就要考虑怎么样吸引客户的兴趣了。

如果客户长时间注视你，且态度友善，可以依照推销计划见机行事，如果态度一般，最好告辞撤退。

不但客户的肢体语言和表情会透露他们的真实意图，在社会交往中，人与人之间的距离和位置也会传递某些信息，销售员如果了解其中的奥妙，就能在与客户交往中游刃有余，所以掌握客户的空间语言非常重要。

每个人都有自己的空间保护意识。因此，去拜访客户时，应该尊重客户对空间的拥有权，多征询客户的意见。

座位席次有一种社会地位象征。如果对方公事公办，他就会正襟危坐于办公桌背后，这时你可以以一些小借口将他们空间位置悄悄转换一下。或者以请客的方式，用一种平等的空间位置进行交谈，如此更轻松，更平等。

以百倍信心展现自己

关于信心，有一句至理名言：有信心不一定会赢，没有信心却一定会输。就像生命中有许多条河，狠狠心，咬咬牙就过去了，但是如果连过河信心也没有，那就只能永远留在此岸。

一堆孩子学习游泳，地点是山涧里的一处深水潭，除了一个自封的"教练"外，其他人都是初学。当"教练"游到对面，并催促这些弟子进行尝试的时候，大家犹豫了，正因为对未知的害怕，谁都不愿意做第一个吃螃蟹的人。时间慢慢过去，胆怯了的孩子跟往常一样，开始在沙地戏水，并且自得其乐。这时，一个不知情的男孩子加入进来，他的水性跟其他学徒没什么两样。所以他问："你们都学会了吗？"，大家恶作剧的回答："都会了，我们都游了几圈了。"这个孩子犯难地问："水太深了，你们怎么游过去的？"其他男孩子回答道："就埋着头，什么也不看就游过去的。"

在那群既调皮又担心的孩子们注视下，这位傻傻的男孩果真埋着头游过去了，成为第一个学会游泳的人，这时，其他"聪明"的孩子才争先恐后地完成了人生中第一次横渡。

长期以来，人们对销售的认知较低，销售员是一个最容易被人误解，甚至是被轻看的职业。一个成功的销售员，应该具备一股鞭策自己、鼓励自己的内动力。只有这样，才能在大多数人因胆怯而停滞不前的情况下大胆向前。

自信是销售人员的内在思维。自信始于心灵，也终结于心灵。换句话说，要想有持续完成任务的积极心态，首先就要有一种对成功的强烈渴望或是需要。

世界上的成功人士，大多心中都有一个信念，相信自己必定会成功。自信是一个人感受自己的方式，它包括自我接受程度和自我尊重程度。换言之，自信是发自内心的自我肯定和相信。

当原一平带着满腔热情到明治保险公司应聘时，因长相外貌受到主考官的轻视。原一平为了向他证明自己的能力立下了军令状。

就这样，原一平成了明治保险公司的一名"见习保险推销员"。面对种种困难原一平没有退却，他相信自己定会成功。同时他也明白，他不是在单纯地推销保险，同时也是在推销自己。经过困窘洗礼后的原一平演绎了一场凤凰涅槃的神话。

自信在第一印象的形成过程中非常重要。人们都愿意与自信的人交往，自信能让你散发出激情的光芒，吸引住人们的目光。

其实，销售员培养自信心要做的首件事情，就是要有一个全面的自我认识和自我评价。要全面而深入地了解自己的个性、兴趣、特长、知识水平、实际能力等等。然后对自己的各个方面进行分析、比较、判断，找出自己的长处挖掘自身潜在的优势。除此之外，销售员可通过"扬长避短"来培养自己的自信心。

培养自信必须克服自卑感和畏难情绪。做销售工作，挫折与失败是难免的，一名优秀的销售员必须有充分的自信和必胜的信念。自信不是被动地等待而是主动地出击，就像是机器必须要运转才能产生作用。主动的信心一无所惧，有了自信能鼓舞士气，渡过难关，战胜失败，克服恐惧。

培养自信的小点子

对任何人来说，信心都是行动的指南，是生命价值的动力。可是，有些销售员常常把小树工作看得太难了，对自己就没有信心。再加上客户的刁难、冷漠、不配合等，更是悲观到了极点。此后，一提到销售，他们就有一种"一朝遭蛇咬，十年怕井绳"的感觉，再也不敢去敲开客户的门。

那么，请尝试以下方法来建立起自信心吧。

1. 给自己一个客观评价

许多人自卑是因为对自己认知不全面引起的。他们只看到自己的不足，看不到自己的长处和优点。总认为自己不像别人那样聪明、漂亮、灵活，总感到低人一等。其实，那是因为他们戴着有色眼镜看自己，"不识庐山真面目"。

培养自信心首先要给自己一个客观评价。只有正确认识自我，掌握自己的优缺点，才有助于扬长补短，使自己充满自信，克服自卑感。因此，你不妨花一点时间想想自己的优点，发掘或表现自己的聪明才智。或者问问朋友或家人对自己的印象如何？也许在他们眼中，你有很多优点，是个很可爱的人，这样也可以培养起自己的自信心。

2. 想象自己的成功形象

如果你目前没有多少明显的优点，那么可以设想自己投身一项困难中的挑战者形象，或者追求目标满足后的理想形象。这种积极的心理暗示会成为你潜意识的一部分，从而使你充满自信，走向成功。

3. 和乐观积极的人在一起

自信需要培养。因此，要尽量避免和经常抱怨、悲观的人在一起，不要让他们的悲观情绪影响自己。要多和乐观积极的或者成功人士在一起，让他们快乐自信的心态帮助自己建立自信心。

4. 多用肯定的措辞

在生活中多运用肯定的措辞，就会让你增强信心，而使用否定的措辞，会让人沮丧。在任何情况之下，只要常用肯定的措辞或叙述法，则可以将同一个事实完全改观，驱除自卑感。

5. 莫把目标定得触不可及

自信需要不断地实践，并从实践中获得积极的反馈，因此，不要对自己有过高的、不切实际的期望，避免达不到目标而一次次地打击信心。要降低自己的期望，把目标定得触手可及，就能够将心态纠正过来。

6. 加快步伐

如果一个人表现出超凡的信心，走起路来比一般人快。像在告诉整个世界："我要到一个重要的地方，去做很重要的事情，更重要的是，我会在15分钟内成功。"

使用这种快步走的方法，抬头挺胸，你就会感到自信心在成长。

7. 增强独立工作能力

一般来说，人的独立工作能力越强，就越有信心。因此，那些总习惯于依赖别人的人要有意识地培养自己这方面的能力。当你独立尝试时，你的自主意识和自信心也在不断增强。

8. 从战胜困难中获得自信

当然，对挫折和困难的有效处理可以大大地增强信心。因此，你不妨适当挑战自己，尝试解决一些较为困难的工作；也可以为自己制定一个较高的标准，全身心地投入其中。当你体验到成功的快乐，无疑会增强信心。

通过以上办法不断培养自信，如此，会令你魅力无穷，你的形象也会焕然一新，事业也会步入一片新的天地。

第二章
从行为心理上了解顾客

为什么客户会对你产生兴趣，并最终作出购买产品的决定？在这个过程中，客户的内心是怎么想的？为什么客户会相信你这位陌生人，他们的内心是按照什么样的判断原则来作出是否接纳你的决定的？

销售工作是销售员与客户之间心与心的较量。销售员不仅要洞察客户的心理，了解客户的愿望，还要掌握灵活的心理应对方式，以进入一个"知己知彼，百战百胜"的销售境界。

事实上，每一个优秀的销售员都是高明的心理专家。他们可以透视对方的心理，知道对方每一个小动作、每一句话代表着什么？对方的个性是什么？对这样的人要用什么样的方法……

首先做好群体调查

要准确锁定谁是潜在客户，也不是一件简单的事。销售员要针对自己产品的特征，提炼出一些可能成为潜在客户的条件，顺藤摸瓜，拟出准客户的名单，并对其进行资格审查、分类、建立档案。一般来说，寻找目标客户大体有以下几种方法：

1. 拖网捕虾法

这是一种一网打尽式的推销方法。它根据的是"平均原理"，也就是说，销售员所要寻找的顾客是平均分布在某一地区当中。因此销售员在不太熟悉或者完全不熟悉销售对象的情况上，可以直接访问这一区域或某一行业的所有人和组织，以找到自己的客户。

这种方法历史悠久，最典型的如江浙一带鸡毛换糖的行商。

拖网法有如下优点在于，首先在推销的同时，可以借机进行市场调查，由此获得的调查数据也相对真实可靠。其次，这种推销法由于走家窜巷的行为方式，所以具有一定的广告效应。而且，这种方法可以练习销售员的胆色，积累销售员的经验。但是这种方法也有不足之处，主要在于针对性不强，成功率也不会高，精力和时间浪费较多，并且由于是陌生的拜访，被拒绝的可能性很高。

2. 顺藤摸瓜法

简单地说，就是销售员请现在的顾客帮忙介绍潜在顾客的方法。如果能从现有客户那里收集到潜在客户名单，就可以顺势进行拜访，这样潜在客户数量也在呈几何级数增加。

这种方法是利用小世界原理：这世界的分隔只有六度，也就是说，你最多只需要通过六个人，就能和这世界上任何一个人发生联系。所以顺藤摸瓜法如果应用得当，将会给你带来很好的收益。

这个方法具有一定的客观依据，避免了盲目性，并且由于这种介绍，使客户对销售员的信任度提高，因此，成功率比较高。

但它不利于准备和安排，常常因为通过现有客户寻找新客户而打断计划和路线，而且必须征得现有客户的同意，对现有客户依赖性很高。

3. 直捣黄龙法

每一个群体都有一个灵魂人物，这些人物了解周围环境能对其他消费者产生一定的影响。如老总之于普通员工，老师之于学生，医生之于病人。如果这些人是推销员的顾客或朋友，并且愿意助一臂之力，销售就会有事半功倍的效果。

该方法的优点是集中精力向少数人做说服工作，避免重复说明而浪费精力；缺点是容易选错中心人物，达不到想要的效果。

4. 法眼独运法

这是一种古老的方法，推销员通过个人观察而判断出谁是潜在顾客。这种方法关键在于培养推销员自身的职业嗅觉。如一位优秀的记者可以从很小的一件事中策划出一篇轰动的新闻，而一位优秀的推销员则善于在千万人中，锁定自己服务的对象。

优点：可以排除干扰，直接面对客户，减少推销过程中的诸多环节。而且，使用这种方法可以培养推销员的洞察力。

缺点：首先，受推销员个人阅历和思考判断能力所限，社会经历丰富的推销员和涉世未深的推销员使用这种方法，结果会大不一样。其次，由于事先对观察对象缺少了解，因此失败率也高。

5. 点线辐射法

以推销员为发起点，通过多条人脉资源辐射出的线，搜索寻找潜在客户的方法。当推销助手帮助推销员完成了一单生意，推销员要立即支付助手报酬，而且要感谢推销助手的友好合作。如美国克莱斯勒汽车公司的一位推销员就在汽车修理服务站的工作人员中间发展了推销助手网，修理员一发现谁打算购买新车，就立即通知推销员。

优点：因为有助手的介入，也就节省推销员的精力，减少准备工作时间，自然也就节省了推销的费用。其次，由于助手的介入，使推销员获得信息的准确度高，可靠性也更强。

缺点：首先是比较难找到合适的推销助手。其次，如果依赖这种方法推销，那么业绩就受助手的影响太大。况且，比较麻烦的是，如果推销员与其助手配合不好，有可能导致市场混乱，不利于市场竞争。

6. 广而告之法

如今广告媒介五花八门，但主流的还是报纸、杂志、电视、网络等。广而告之法，关键在于选对广告媒介，以较少的广告费用，最大程度地影响潜在消费者。只有有针对性地，合理地制定广告策略，才会取得较好的广告效果。不应完全追求某一种固定形式，也不必完全模仿别人的做法。

优点：传播规模庞大，受众广泛，不仅可以找到顾客，还可以说服他们购买，而且单位推销成本也很低。

　　缺点： 从目前实际情况看，媒体选择的失误比较多，造成极大的浪费。另外，有些商品无法进行广告，而且，这种方法的实际效果难以预测。

对待不同年龄层的客户

　　不同年龄层的人群有不同的性格、阅历、特征、爱好，而这些都是心理的外在表现。为了抓住客户心理，就必须先了解不同年龄层客户的心理，对客户的个性、喜好等进行研究。

1. 年轻（20-35岁）

　　这类客户是跟随时代潮流的客户。他们有新时代的性格，是潮流的领头羊，有赶时髦的心理，他们大都爱凑热闹，只要是现代流行的商品他们就要买。他们正是消费的最佳年龄，但就是手头拮据，只要推销员能把他们这一问题解决，他们大都极容易成交，并且有时很积极。

　　他们比较容易亲近，谈的话题也比较广泛，与他们交谈比较容易。由于他们的抗拒心理很小，只是有时没有阅历而有些恐慌，只要对他们热心一些，尽量表现自己的专业知识，让他们多了解一些这方面的问题，他们就会放松下来，与你交谈了。

　　对这类客户，你可在交谈中谈一些生活问题、情感问题，特别是未来的理财问题，这时你就可以刺激他的投资思想，使之觉得你的这次交易是一次投资机会，一般情况下他们是会被说动的。

　　对待这些客户要亲切，对自己的商品要有信心，与他们打成一片。

2. 中年客户（35-50岁）

　　中年客户各方面的能力都比较强，正是一个人能力达到顶峰的时候，欺骗和蒙蔽对这类客户是很困难的，需要你真诚地对待他们，交朋友则是成功推销的好办法，他们喜爱交朋友，特别是知己朋友。

对这样的客户不要夸夸其谈，不要显示自己的专业能力，而要亲切地与他们交谈，对于他们的家庭说一些羡慕的话，对于他们的事业、工作能力说一些佩服的话，只要你说得实在，这些客户一般都乐于听你的话，也愿与你亲近，信任你的商品，交易也就容易达成。

这类客户由于有主见，能力又强，所以只要推销的商品质量好，推销员态度真诚，交易的达成应是毫无疑问的。

3. 老年客户（50岁以上）

针对老年客户可以通过以下几方面去做工作：

一是他们比较孤独；二是他们寄托于自己的子孙和过去的回忆；三是喜欢那些老实、不顶嘴的年轻人。

第一，从老年人比较孤独这一点出发，对老年人要有耐心。他们一般跟你唠叨个没完，对于社会上的事情有偏激的看法，对于年轻人也有一定看法。他们不怕得罪人，敢说敢做。推销员应该体谅他们，对他们说一些关怀的话，推销介绍说明尽量精练、清晰，对他们要亲切、热情，少说话，多听他们说。

第二，推销员要多称赞老年客户的曾经的事迹，多提一些他们子孙的成就，尽量说些让他们引以为豪的话题，这样可使他们兴奋起来，积极起来，给你的推销营造一个好的气氛。

第三，老年人有慈爱的特性，特别喜欢那些老实的，不多说话的，对他们表现得很敬重并且很听话的年轻人，只要听话，就认为他们好。所以有时对老年客户进行推销时，不要多说话，要听他们说，这样老年人会对你产生好感，交易就十之八九要成功了。

要注意的是，对待老年客户有两点禁忌：一是不要夸夸其谈，老年人觉得这样的人轻浮，不可靠，也就不会信任你了，交易也就会以失败而告终。第二就是不要当面拒绝他，或当面指出他的错，即使你是正确的也不能批评他们，因为他们总觉得自己了不起，见多识广无所不知，所以不要毫不客气地指出他们的错，这样会激怒他们，这样他们与你的交易就泡汤了。

在展会上推销

有位河北农民，听说北京要办个首届宠物展，心想养宠物自然离不开沙子，就背了几袋当地上好的沙子来参展。本想来碰碰运气的他，沙子不仅被抢买一空，而且还签订了不少的订单。后来，利用各地的宠物展，如今他的买卖已做到了相当大的规模。

展会是一个聚集优质客户的好场所，推销员们千万不要忽视。通过展会，可以降低促销成本。如果这位河北农民不来参加宠物展，要获取这些订单，开拓这个市场，他的资金投入要比这个多上几倍甚至几十倍。

展会是优于推销员推销、公关、广告等手段的营销中介体。通过一般渠道找一个客户的成本远远高于展会上找客户的成本。另外，通过展会企业可以获取最新的市场信息和行业信息，并在很短的时间内与目标客户直接沟通，可将产品的信息发送给特定的客户，并接受来自客户的即时反馈。

其次，展会是生产商、批发商进行交流、沟通和贸易的汇聚点，企业能迅速、准确地了解国内外最新产品和发明的现状与行业发展趋势等，能及时调整产品结构，为企业制定战略提供依据。所以说，参加展会是企业最佳的促销渠道。

展会式推销是一种最直接接触经销商和终端客户的方式。展会式推销有3种形式：针对经销商，这种展会占40%；针对终端客户，这种展会占40%；既针对经销商又针对终端客户，这种展会占20%。

不管是哪种形式的展会，总之展会是推销产品、与客户沟通以及获取准确信息的有效渠道。据调查，没有展会时，完成一次推销所需走访客户的次数为3~6次；有展会时走访的次数为1~4次；展会能极大地提升销售几率。

虽然展会对推销有这么大的促进作用，但也不是每个推销员都能正确地认识和运用。在一定规模的展览会里，几百个展位堆在一起，也许有上万名参观商蜂拥而至，如何让更多的参观买注意到你的公司和你的产品，就需要花一点心思了。

以前，很多参观者是到了现场才临时决定参观什么展位，布置新颖的展位确实能吸引到这类参观者的注意，但现在，越来越多的参观者会事前大概定好需要参观的展位，如不事先做好准备，这些参观者也许就会与你擦身而过。

据调查，参观者参观那些曾经在展前寄发过邀请函的参展公司比参观其他公司的展位机会大4倍，可见展前做好宣传十分有效。但除了发邀请函外，还有其他一些办法可以更有效地提高公司的知名度，不妨一试。

最常用的办法是准备一些可以一分为二的礼品，把其中之一在展前先随邀请函寄给想邀请的参观买家，让他们必须到展位上才能凑成完整的一份礼品。事实证明这种办法确实能有效地提高参展商对某个展位的访问率。

现在有很多展览的入场证是用挂绳挂在使用者的脖子上，一些参展商十分巧妙地在这上面做文章，制作印有自己公司标志和名称的挂绳于现场免费派发给参观者，由于这些挂绳通常都制作精美，所以大部分参观者得到这些挂绳后都很乐意挂在自己的入场证上。参观者佩戴这些醒目的挂绳在场内走动，等于许多流动的广告牌在免费为公司作宣传。

更有花心思的参展商制作一些小册子，介绍展会当地的交通、旅游、食宿等情况，免费派发给展会参观者。由于相当一部分参观者远道而来，参展之余确实想在展会当地和周围四处走走，这些小册子正好能帮上大忙，所以十分受欢迎，这也间接地让参观者对印制和派发这些小册子的公司产生好感。

潮流就是从众心理

即便是力排众议的强势人物也有从众心理，在动物世界中，我们可以看到当第一只角马跳下河之后，立即就有成千上万的角马跟上。如果没有这第一只角马，那么渡河就成了一场漫长的等待。沙丁鱼抱成一团，虽然实际上更容易让捕食动物吃掉，但天性让它们觉得处在群体中更安全。

同理，人类身上也有这种从众心理，消费者总认为大部分人的选择是对的，真理掌握在大众手里。

在与这类客户进行沟通时，会发现，他们根本不会注意倾听推销产品的质量以及特性，而是关心谁在使用。如果是他的朋友或是同行业的竞争者在用你的产品，那么他也会顺利的买下此产品。

西蒙内尔在一家食品批发公司做冰激凌推销员时，结合自己的特点，并充分考虑到顾客的需求和思考方式，别出心裁地自制了一种推销的用具——推销相簿。

西蒙内尔在记事本里贴上几年来在这里批发食品的上百家零售店的彩色照片，记录着这些零售店的冰柜、橱窗、门面等一系列的变化。还贴有零售店的老板及家人、售货员笑逐颜开的照片，并附有他们的留言。在交易过程中，他经常把相簿拿给顾客欣赏，并尽力回答顾客提出的各种问题，生意在不知不觉中就做成了。这本"推销相簿"在西蒙内尔的成功史中扮演了十分重要的角色。

事实胜于雄辩，一览无余的图片比言辞更具说服力，生意谈起来格外顺利。这种推销方法不仅省时省力，而且降低了成本，提高了销售量，达到了十分理想的实际效果。

人是有从众心理的，当客户看到西蒙内尔的相簿之后，心理就会产生一种感觉：这冰激凌不错呀，那么多人都在买他的冰激凌，而且这些人都笑逐颜开的，这个推销员肯定很好相处。西蒙内尔正是有效利用了从众心理，所以他的推销效果很理想。

很多客户，在购买名牌产品时，这些产品的使用功能往往会被忽略，他们注重的往往是这些产品体现其身份象征。

为此，在与此类客户进行沟通交流时，重要的是要有吸引其注意力的好口才。谈话时，话题一定要广泛，天文地理、时政经济都可以作为谈话的切入点。在谈话的过程中，也要以轻松的方式进行沟通。赞美的技巧很重要，其次便是营造轻松自由的推销氛围。

在与其沟通时，如果你表现的口若悬河，对对方提出的话题给予肯定并加以补充，能够找到话题的"新鲜点"，让对方觉得你知识渊博，就可以引起他们对你潜在的崇拜。

此时应该适当地加入产品的相关介绍，让其对产品产生关注，这样合作成功的概率就会变得更大。但是值得注意的是，在介绍产品时，一定要注意渲染，比如说某某知名人士也用同款产品等，无形之中会促进销售。

"按住"东挑西选的顾客

有些顾客到了店里就走个不停，很快就把商品看了个遍，问东问西，几个销售员都要围着他转。然而费了大量口舌后，不仅没有明确表示过购买的意愿，还各种挑毛病。应对这类客户，推销员不可以和这类顾客正面交锋。

俗话说"嫌货的人才是买货人。"尽管这也许并不是放之四海而皆准的规律，但事实却大多如此。一般来说，客户对于自己喜欢的物品都不会爽快地购买。他们越有兴趣，就越会认真地思考，提出更多的意见，在成交阶段还会用这种方式来讨价还价。

比如，客户要买一款价值不菲的相机，第一次看样品的时候，可能很满意。但是，当真正要成交的时候，哪怕是最微小的瑕疵他们也会很在意。如果没有更合适的可以替换，他们就会以此要求降价。不为别的，只是因为他们现在已经决定要买了，而且要求完美。相反，如果客户对商品只是点头称好，没有表示一丝一毫的异议，往往说明这些顾客没有一点购买欲望，顶多只是给你一个面子而已。

对于"无理取闹"的客户不能一概论之，要正确看待他们这种"无理取闹"。我们可以采取以下几种办法：

第一种，称赞对方高明。你可以采取迂回战术，假装争辩几句，然后宣布失败，心服口服地称赞对方。问他们"该如何"或"这样做可以吗"，这时，推销员就可以抓住时机进入推销正题。拿出有说服力的证据，如权威的评价、有关单位的鉴定等，使其信服。

第二种，尽量避免向他们施加压力。对于那种以吹毛求疵来掩盖困扰的客户，应尽量避免向他们施加压力。对这类客户，必须细心观察顾客的困扰之处。

第三种，提供多种方案。除了要保持足够的耐心，用诚心与热心对其挑剔之处做出最具说服力的解释外，还要善于为这类客户提供多种方案，以促其做出决策。

第四种，虚心接受监督。有些时候，那些专业客户的吹毛求疵可以督促我们严格要求自己，因此对这类"分外的要求"要虚心接受。

曾经，国内一家企业为一国外的客户生产产品，由于客户要求苛严，三次退货后仍未通过客户检验。这家企业没有抱怨，而是更加严格地要求自己。后来产品通过外商鉴定，一连几年在国内市场都独占鳌头。可以说，这一切的取得应该归功于客户的严格要求。因此，如果自己确有不足之处，就要耐心而认真地倾听客户的挑剔，不可计较客户不礼貌的言辞和态度。

第五种，真诚道歉。如果客户因为价钱太贵或质量不好没有购买，你不妨坦诚地说："好商品进价都高，这种产品的质量确实不错。"

如果客户实在不满意，要对自己不能满足他们的需要表示歉意，并告诉他们下次一定满足他们的需求。如此，大多数客户可能会因为你的殷勤过意不去买些其他东西。

其实，无论什么客户，不管他们的态度如何，脾气如何，都是利润的来源。我们能做的就是包容客户。没有一个成功的销售人员是自己把客户往外赶的。给顾客一把"椅子"，让他好好听你说，你能理解客户，客户自然也体谅你，即便这次不成交他们对推销员有个好印象。只要能给客户留下好印象，客户就可能成为回头客，而且他们还会主动介绍其他客户来。如果能做到这些，生意必定兴隆。

察觉到顾客隐藏的购买心理

　　一场精彩的足球赛正在上演，攻方队员通过精心的组织，积极的推进，球门近在咫尺，观众情绪空前高涨。这时，如果是世界顶级球员，在他抬脚一扫之间，球如流星飞矢，在守门员错愕的眼神中，足球应声落网。于是欢呼声震天。但假设，三流的，或者不入流的球队，其结果可能就大相径庭。我们常常看到这种情况，离球门还有很远的距离，自信的球员就开始大脚抽射；对方人墙封堵，自信的球员又大脚抽射；又或者对方门户大开，球员却在犹豫中错失良机……凡此种种，都令观众唏嘘不已。

　　和踢足球一样，什么时候该寻觅机会，什么时候该勇敢"射门"——要求签约，这些都是很有讲究的。

　　除了少数情况，客户是不会主动说购买的，但这并不意味着我们无痕可寻，他们的意图总会不自觉地通过语言、行为等表现出来。如：热切的眼神、不停地点头、沉默的认同、询问细节等。这些表现就成了推销员的信号弹，推销员应该抓住这一时机发起猛烈的冲锋，一举拿下客户。一般来说，推销员可以从三方面判断客户是否释放出购买的信号。

1. 语言见实情

　　即在推销员的努力下，客户通过语言表达出来的购买意愿。客户会对产品感兴趣，并询问使用方法、售后服务、交货期、交货手续、支付方式、保养方法、使用注意事项、价格、新旧产品比较、竞争对手的产品及交货条件、市场评价等内容时，推销员就可以认为客户已经表达出了购买的欲望。如：客户可能这样问推销员："我再试一下你的产品好吗？""你们公司什么时候能交货呢？""对这个产品，你们公司有什么保证措施没有？""没有附属设备不会影响它的效果吧。"在这一过程中我们还会听到其他种种信号，比如，赞美其他品牌以求得到实惠、寻找熟人关系以求得到让利、询问折扣情及促销日期、询问付款方式等等。这些都是客户即将购买的信号，推销员如果遇到这些情况，就应该加一把劲，促使客户成交。

2.表情泄天机

客户在洽谈过程中，表情会随着洽谈的内容而改变，除非修养极深，否则都可以从客户的表情里识别出他的购买意愿。当然，表情的信号显得比较微妙和难以捉摸，需要仔细地鉴别。例如：客户在听推销员介绍产品时认真而专注或者面带微笑等。当然这也分两种情况，第一是客户对产品没有异议，愿意购买。第二是客户没有异议，但目的是应付推销员，这种客户一般不会问及价格，即使问也有较强烈的异议。

常见的表情信号有：眼神活跃、双眉舒展、嘴唇抿紧、神色友好、若有所思、身体前倾等等。推销员如果看到客户出现这样的表情，那么就应该知道，客户是有购买意愿的，需要的只是推销员趁热打铁而已。

3.行为表意愿

身体语言是无声语言，它表现虽然微妙和具有迷惑性，但也不是不可把握的。比如客户拿出钱包，客户专心倾听产品说明等等，客户一些不自觉的行为，可能早已告诉推销员他的意图了。

分析客户的购买意图，推销员需要注意，如果客户突然变得活跃起来。在动作上由抱胸等静态的戒备性动作转变为"东瞧瞧西看看"的动态动作，就说明客户对产品有感觉了，至少说明客户有了购买的意向。

另一种情况是，客户一旦确定购买，心理一般就会放松下来，在行为举止上自然会表现出放松的状态，例如坐着的客户姿势由原来的前倾变为后仰。

还有，客户的双脚也可能出卖他的心思，当客户说，"你不降价，不给我优惠，我可走了啊"，上身已经有转身的动作了，但客户的双脚还没有要走的意思时，说明客户还是在探测商家的价格底线，这时候就要看哪一方撑得住了。

最后，如果推销员在进行陈述时，参与决策的客户彼此交换眼神，并点头，表示客户基本已经对产品认可，并有购买的欲望。

对客户开门关窗

很多客户在决定买一件产品之前都会纠结一番，他们会考虑，我花这么多钱买的东西，是不是能起到相应的价值，是不是能不让我不觉得了。

客户的这种心理是我们销售应该深入思考的，对我们来说，根据客户的这种心理来制定营销策略肯定是能事半功倍的。

对顾客来说，他购买一样东西会有两种体验：一是产品给他带来的好处，二是花钱给他带来的痛苦。如果他感觉痛苦大于好处，那肯定不会买，相反，只有当他觉得好处大于痛苦了，他才会心甘情愿地掏钱。

我们可以形象地把购物过程比作是关门开窗。产品的功效就像窗外的风景，让人看着很舒服，赏心悦目，每个人都想这样的风景。但对很多客户来说，看风景的前提是要打开门，而门外有一些障碍，也就是他们要付的钱。

那怎样才能让他们心甘情愿地把窗户打开，也就是购买我们的产品呢？

很简单，关门开窗。也就是把好处展示给顾客，把痛苦说透，关在门外。

具体来说其实就是做好两点：

第一点，把好处说够。

产品有哪些好处，会给你的生活带来什么样的改变，把这些说够了，顾客的购买欲望也就越高，买单的概率也就越大。

举例来说，顾客要买辆车，你告诉他，买了车之后，你的活动半径会变大，上下班、回家、出门旅游都有代步工具了，再也不用日晒风吹。

这就是买产品的好处，你说得越多，客户的购买欲望也就会越强烈，这就等于是给客户描绘出一幅无比动人的窗外风景，让他不自觉地想打开窗户，掏钱购买。

关门开窗的第二点是要把痛苦说透。

每个人都知道，买东西是要掏钱的，掏钱总会让人痛苦的。这种痛苦如果太强烈的，哪怕你窗外的风景再好看，他也不愿意买。

但客户不知道，这种掏钱的痛苦只是表象的，他还有一层痛苦自己看不到，那就是得不到这个产品的痛苦。所以，我们要把痛苦说透，要让顾客看到真正的痛苦不是掏钱，而是需求得不到满足。

还是以刚才卖车为例，顾客想买你的车，但手头钱不多，他还是想再考虑一下。

这时，你就可以把不买车的痛苦讲透。你现在每天上下班是骑车或者挤公交地铁吧，是不是很麻烦，还经常迟到？如果对方有孩子，也可以从孩子的角度着手，节假日带孩子出去玩多不方便啊？

如果我们把这种痛苦说透了，那顾客就会感觉到，如果不买车，自己要承受的痛苦可能更大，只是他暂时看不到而已。

所以，把痛苦说透，就能让客户关上门，忽略暂时的成本而重点关注你推荐给他的产品。

这就是关门开窗法的原理，把买我们产品的好处说够，把不买我们产品的痛苦说透，让顾客根据自己的感觉来做选择，那么最终，他们做的选择也一定是你希望看到的！

辨别顾客的忠实程度

可以说，忠实的客户是推销员最宝贵的财富。美国一项商业研究报告指出：多次光顾的客户比初次登门者可为推销员多带来 20%-85% 的利润；固定客户数目每增长 5%，推销员获取的利润则增加 25%。

了解客户对产品的忠实度对推销员来说十分重要，推销员可以据此调整推销计划，从而有效地留住潜在的客户。

那么，推销员如何判定客户的忠实度呢？不妨用以下几条标准进行衡量。

第一，客户重复购买的次数。

在一定时期内，客户对某一品牌产品重复购买的次数越多，说明客户对这一品牌的忠实度越高；反之则越低。由于产品的用途、性能、结构等因素也会影响客户对产品的重复购买次数，因此在确定这一指标的合理界限时，需根据不同产品的性质区别对待，不可一概而论。

第二，客户购买挑选的时间。

消费心理研究者认为，客户购买商品都要经过挑选这一过程。但由于依赖程度的差异，对不同产品客户购买时的挑选时间不尽相同。因此，从购买挑选时间的长短上，也可以鉴别其对某一品牌的忠实度。一般来说，客户挑选时间越短，说明他对这一品牌的忠实度越高，反之则说明他对这一品牌的忠实度就越低。

第三，客户对价值的敏感程度。

客户对产品价格都非常重视，但这并不意味着客户对各种产品价格的敏感程度相同。事实表明，对于客户喜爱和信赖的产品，客户对其价格变动的承受能力强，即敏感度低；而对于他所不喜爱和不信赖的产品，客户对其价格变动的承受能力弱，即敏感度高。所以，我们可以根据这一标准来衡量客户对某一品牌的忠实度。

在运用这一标准时，要注意产品对于客户的必需程度。产品的必需程度越高，人们对价格的敏感度越低；而必需程度越低，则对价格的敏感度越高。当某种产品供不应求时，人们对价格不敏感，价格的上涨往往不会导致需求的大幅度减少；当供过于求时，人们对价格变动就非常敏感，价格稍有上涨，就可能滞销。

产品的市场竞争程度也会影响人们对产品价格的敏感度。当某种产品市场上替代品种多了，竞争激烈，人们对其价格的敏感度高；如果某种产品在市场上还处于垄断地位，没有任何竞争对手，那么，人们对它的价格敏感度就低。

在实际工作中，只有排除上面几个方面因素的干扰，才能通过价格敏感指标科学地评价客户对一个品牌的忠实度。

第四，客户对竞争产品的态度。

人们对某一品牌的态度变化，在大多数情况下是通过与竞争产品的比较产生的。所以根据客户对竞争产品的态度，能够从反面判断其对某一品牌的忠实度。如果客户对竞争产品有好感、兴趣浓，那么就说明对某一品牌的忠实度低；如果客户对竞争产品没有好感，兴趣不大，则说明其对某一品牌的忠实度高，购买指向比较稳定。

第五，客户对产品质量问题的承受能力。

任何一种产品都可能因某种原因出现质量问题，即使是名牌产品也很难幸免。客户对某一品牌的忠实度高，对出现的质量问题会以宽容和同情的态度对待，不会因此而拒绝购买这一产品。若客户对某一品牌的忠实度不高，产品出现质量问题（即使是偶然的质量问题），客户也会非常反感，很有可能从此不买该产品。当然，运用这一标准衡量客户对某一品牌的忠实度时，注意区别产品质量问题的性质，即是严重问题还是一般性问题，是经常发生的问题还是偶然发生的问题。

第六，购买周期。

我们用"购买周期"来描述两次购买产品间隔的时间。对于一些食品来讲，购买周期以周计甚至以天计；但对于冰箱彩电等高价值产品，购买周期会长达数年。比如，国内家用电子产品换代的时间要5年甚至更长；推销给某些机构的设备如新的办公设备或信息系统，它们的购买周期至少要5年以上。

购买周期是一个非常危险的时期，因为在这一期间客户有可能会忘掉你。这样，你的竞争对手就会趁机挤掉你。而建立客户忠实计划会帮助推销员改善自己与客户的关系，从而获得更多的"回头客"。

第三章
全力追踪准客户

有这样一个故事，一个新应聘的推销员因为找不到客户而提出辞职。经理拉他到大街上问："你看到了什么？"

推销员答道："满街的人啊！"

"除此之外呢？"

"还有宽大的马路啊！"

经理又问："你难道没看出人群中有你的客户吗？"

客户来自哪里？就来自人群中。可是，大街上人潮如流，写字楼里熙熙攘攘，似乎人人是客户，又似乎都不是。到底怎么样才能找到那些"准"客户呢，让自己的手中也有永远访问不完的准客户呢？这就靠你的能力了。

选对池塘钓大鱼

每个推销员都有一个发财梦，都希望自己拥有的片区中大量的准客户，让自己的业务成绩快速提升。

那么，怎样才能实现这样的目标呢？就要选对池塘。

有钓鱼经验的人都知道，自己选择的池塘里鱼的多少与大小直接决定他收获的丰厚与否。在同一个池塘里，因为阳光、水草的分布不同而出现鱼群的分布不同。要钓大鱼需要去水深的地方；如果选择的池塘小而水浅，就不会有大鱼。作为推销员来说也是同样，如果你想钓到大鱼，让自己有可观的业绩，也需要选对自己推销的"池塘"——区域。选定区域直接关系着是否能钓到"大鱼。"

举个例子，销售大师原一平在从事推销保险的工作中刚开始没有意识到这一点，他不是成片成区域开发，也没有根据消费水平去衡量某个区域是否值得开发，而是在大街上、公司中甚至社区中遇到一个人就向他们介绍保险。客户是分散的、零星的，既浪费时间又浪费精力，还收效甚微。

后来他意识到这种方式很难实现每年销售承诺，因此才想到要"钓大鱼"，进军那些公司的总经理、董事长，大学的校长等。因为这些"大鱼"不仅可以给他带来丰厚的利润，而且他们还可以影响一些他们身边的"大小鱼"一起加入。这比起他原来那种盲目地开发方式确实省心省力，而且一笔大订单就可以让他的命运发生改变。

原一平是这样成功的，其他行业成功的销售也都是从选对市场区域、选对消费人群入手。

史玉柱东山再起销售脑白金就是选准了华东市场——江阴。因为那里的人们经济水平较高，而且他们对保健品有一定的认可，因此旗开得胜，在短时间内就钓到了很多令同行垂涎欲滴的大鱼。假如他当时开发西北市场呢？当时西北消费者普遍生活水平低，而且对保健品也缺乏认识。如果到那个池塘中，浪费很多资源可能最后连小鱼都钓不到。

因此，选对区域市场、选对消费群体是推销成功的关键。选定区域当然离不开前期对市场区域内客户消费能力和水平的了解。只有在事前做好这些调查工作，才能够快捷有效地找到准客户，以后工作起来才不会出现到处撒网、事倍功半的现象。

也许有的推销员会说："市场区域选择不是我们推销员可以决定的，公司早就已经划分好了。"是的，很多公司都会对某一地的资源进行划分。可是，这样的地理区域划分并不是剥夺推销员的选择权，而是为了充分发挥他们的能力，也是结合推销员对该地的熟悉程度和他们自身开发市场的能力而划分的。

如果推销员只是对该地熟悉却不具备开发市级市场的能力，只适合开发县级市场，即便他对市级市场情况熟悉，公司决不会把市级市场让他开发。

因为他不具备钓市级市场这个大鱼的能力，给了他只能是浪费资源。

因此，推销员选池塘要量力而行，要选择适合自己开发能力的市场区域，如果自己只有在浅水区钓鱼的本领，就不要去深海，以为那里水深藏有大鱼就一味去争取。那样不但钓不到鱼，连鱼竿也会被大鱼拖走。

最为关键的是，推销员选择池塘也要和公司开发的产品定位相结合。有些推销员盲目地认为，只有富人区才有大鱼，因此他们之看准那些高收入人群集中的区域。的确，对于销售而言，最有价值的划分标准在于财富的多少，而且按顾客的消费能力来说，高收入人群集中的区域消费能力的确远远高于中低收入人群集中的区域。

可是，这些消费能力很强的富有阶层，在消费中通常会表现出追求和占有稀缺性资源的特征，他们在消费时不是把商品的实用功能放在首位，而要把追求奢华与稀缺作为追求的目标。如果推销员不懂得这一点，自己公司的产品本来是面向中低收入家庭的实用的产品，不具备什么稀缺性和高档性，可是却一味去富人区未必能如愿。

此时，那些普通百姓居住的区域才是自己可以争选的大池塘，在这里也有许多大鱼潜藏着。因为小康阶层是目前社会中最主流的阶层，他们的收入用来应付日常生活的各项开支绰绰有余。这些人居住的区域就是自己钓鱼的池塘，在这里钓到大鱼也应该是得心应手的。

另外，要和消费者的心理需求相吻合。比如，同样是服装，老年人看重宽松、舒服，中年人看重价值、品牌，青年人看重流行、新潮。如果是推销服装的人就要针对他们的不同心理选择自己的池塘。比如，新潮类，可以到大学校园推销；品牌类可以到高档社区会所推销等。

其实，每个市场区域不论大小都有大鱼，只要能结合自己的能力，结合公司产品的定位和卖点找到适合的区域，就能从为数众多的小鱼中钓到大鱼。如此，在开发小池塘的大鱼中锻炼了本领，日后再开发大池塘、甚至扬帆出海，去深海区捕捉几十斤的大个头鱼、满载而归也会是轻而易举的事情了。

不要忘了留意路边

推销员都希望自己能找到那些有着强烈的购买欲望、购买能力强、购买量大的客户，从而大大减少推销活动的盲目性。那么，怎样才能捕捉到这些"大鱼"呢？他们可是喜欢在深水区游泳不喜欢自动上钩的。因此，要捕捉大鱼一样的准客户，就需要自己用眼去观察、用心去寻找。如果总是像下面故事中的这个小伙子一样盲目奔跑，一辈子也不会抓住大鱼。

一个二十出头的小伙子急匆匆地走到路上，路边的景色与过往的行人全然不顾。一个人见状问道："小伙子，你为何行色匆匆？"小伙子头也不回地甩了一句："别拦我，我在寻找机会。"

转眼20年过去了，一个中年人依然在路上疾驰。又一个人拦住他问："伙计，你急匆匆地忙什么呀？"他回答："别拦我，我在寻找机会。"

又是20年过去了，中年人已经变成了两鬓斑白的老人，还在路上挣扎着向前挪动。此时，一个人拦住他问："老人家，你还在寻找你的机会吗？"

"是啊。"当老人回答完这句话后，猛地一惊。原来刚才问他问题的那个人，就是他寻找了一辈子的机遇之神。但他为什么盲目寻找，直到晚年也没有抓住呢？只能说他不用心，没有留意机会就在身边，因此也没有出手抓住。

推销也是同样，需要留心身边的每一个机会，不放过任何一个"大鱼"光临的场所。

有关部门提供的资料毕竟是有限的，对于那些推销非行业用品的人来说，要从大海一般的人潮中发现自己的准客户，处处留心也会有意外的收获。

有一次，原一平在商场中想买一件东西，可是价格的标签让他有些为难。此时，只听旁边有人问女售货员："这个多少钱？"他要的东西与原一平要买的一模一样。等售货员报价7万日元后，这个人毫不犹豫地说："好，你给我包起来。"

同一样东西，别人可以眼也不眨就买下来，原一平感到很惊讶。此时他想到的不是自己是如何自惭形秽，而是敏感地意识到这是一条"大鱼"。当这位客人看了看手表打算离开时，原一平看到那是一只名贵的手表。于是，原一平果断地去追这位爽快的先生。

那位先生走出百货公司门口，走过人潮汹涌的马路，走进了一幢办公大楼时，原一平也紧随其后。可是大楼的管理员却礼貌地拒绝他入内。于是机智的原一平随口回答："刚才我在百货公司掉了东西，是这位先生好心地捡起给我。可是，他不肯告诉我大名，我想写封信给他表示感谢所以跟着他。现在冒昧地向你请教一下。"

"哦，原来如此，他是××公司的总经理。"

原一平大喜过望："谢谢你了！"

就这样，原一平通过自己在百货商场的留心观察捉到了一条"大鱼"。

机会总是留给有准备的人。因此推销员要善于眼观六路、耳听八方，只要你留心，可以毫不夸张地说，处处都有机会，处处都可以找到准客户。

有一条成功学真理：不放过任何一个被遗忘的角落！推销也是同样，没有时间和场所的限制。客户存在于任何地方，任何不起眼的、被遗忘的角落。

有一天，曹天工作极不顺利，到了黄昏时依然一无所获，心情有些沮丧。在回家途中经过一个坟场，曹天突然心血来潮，想到坟场里去走走。

他走到一座新坟前，墓碑上还燃烧着几支香，插着几束鲜花，曹天便恭敬地朝着墓碑行礼致敬。然后他把目光上移，无意中他看到了墓碑上的字——某某之墓。那一瞬间，他像发现新大陆似的，他急忙往管理这片墓地的寺庙走去。

"请问有人在吗？"

"有何贵干？"

"有一座某某的坟墓，你知道吗？"

"当然知道，他生前可是一位名人呀！"

"你说得对极了，在他生前我们有来往，只是后来就不知道他住哪里了。你知道他的家眷住在哪里吗？我想抽时间去看望他们。"

管理墓地的人听说曹天和这位去世的名人有联系，而且又前来祭拜，对他产生了好感，急忙回答："你稍等一下，我帮你查查。"

结果，这一查就达到了曹天的目的。他记下了这位去世的先生的地址，也恢复了曾消失的斗志。

另外，也可以通过一些官方资料调查了解。

比如，一家办公用品的推销员为了了解他服务的区域内行业状况，通过咨询统计部门发现了该区域内工厂所占的比重高，所以他推销的重点就改为针对工厂提供办公用品，得到了大笔订单，自己很省心省力。

有人曾经问过一位业绩显著的推销员，其成功之道是什么？这位推销高手认真地回答道："把时间用在最有希望的准客户身上，在希望不大的准客户身上不浪费光阴。"

什么样的人是希望不大的准客户呢？希望不大的客户就是那种购买欲望不明显的客户。他们对你的介绍不是敷衍就是冷漠地拒绝，丝毫不感兴趣，这种客户成交的希望很小。

因此，寻找大客户最为关键的是有一颗善于观察的眼睛和准备充分的头脑，时时事事都留心观察，从观察中发现和业务有联系的蛛丝马迹。一旦发现联系就追踪到底，这样，机会才不会白白溜走。

找到有决定权的关键人物

在市场开拓中，如果自己投入了不少时间、精力和金钱在客户身上，而到头来却发现对方根本就不是一个拥有表态和下订单权力的人，就会影响自己的销售效果。因此，是否能寻找"关键人物"、弄清谁是真正的买主，关系到销售工作的效率和成败。

可是许多新手推销员并不明白这一点，或者说虽然理论上明白到现实中就犯迷糊，因此他们总是找不到能拍板的关键人物。

有位刚从事推销业务的大学生，没有掌握到这方面的艺术，他在推销一份商务杂志中，看到办公室主任没有拒绝，因此就把这位办公室主任当成了关键人物。电话联系、登门拜访接洽了半年多的时间！但一直未能达成交易，办公室主任就是不打款。这位销售员感到很纳闷，不知问题出在哪里。

后来，他在一次登门拜访中无意中遇到了外出回来的经理，他急忙说明自己的意思。经理很惊讶地说："对不起，我们没有订阅该杂志的意向。"这位销售员至此才恍然大悟。

虽然只是一份小小的杂志，可是经理不同意的事情办公室主任也不敢做主啊！他才明白自己长期以来都是在浪费时间，和一个没有决定权的人打交道了。

可能，许多刚入行的销售员也许都遇到过像这位大学生这样的现象，没有找到关键人物而徒费口舌。这些现象虽然不可避免，可毕竟会耽误自己的工作效率。因此，要弄清谁是决策人十分重要。

要弄清楚在一个公司中或者在一个家庭中谁是能拍板的关键人物，一是预先做一些市场调查，二是靠观察他们的行为特征，以此做出判断。

关键人物通常是有决定权的负责人。这就需要推销员善于观察，找出真正的决策者，才能投其所好，实现交易。

那么如何在初次见面时就能确定决策人呢？

1. 观察人们的行为和说话语气

一般来说，在很多公司中，经理都是唯一的"关键人物"。假如你在一个公司推销，要想迅速地在一大群人中找出谁是经理，可以通过观察一些人的眼神来判断。如果许多人说话前或者说话中会看着某一个人，此人便是他们的经理。

如果是在小规模的民营企业中，经理更是事必躬亲。因此，在拜访小公司时就要注意观察哪个人是"事必躬亲"的。如果你听到某个人说话时有决定和指挥的语气，甚至职员们连买笔这种芝麻小事也要过问，那么他就是有决定权的关键人物。

2. 一看二问三对照

而如果在大公司中，会分工明确。一般来说，决策人一半情况下是该部门的老总，另外情况下可能是整个集团各部门、各阶层的负责人，比如，技术主管、销售主管、采购主管或总工程师等。此时，推销员可以实地去询问、去观察。

比如：

听取对方的自我介绍；

仔细琢磨对方的回答；

把推销业务所涉及的部门、流程和各个部门负责人的名片职务加以对照，得出一个比较清楚的结论。

其中，需要注意的一点是对基层部门负责人是否有决定权往往靠观察，避免直接问会伤害他们的自尊心；而对中层负责人是否有决定权往往靠问，因为他们做事雷厉风行，再加上时间有限不容许推销员仔细观察。即便他们因为各种原因不能起决定作用，也会推荐你到有决定权的人那里。

如果从中层负责人的口中听到该公司的某位领导是关键人物，那么就不能心急。因为关键人物大多事务繁忙，因此就需要耐心，看准时机找到和他们见面的机会。

有一次，推销员田××打算拜访某公司总经理，这位总经理日理万机，见他一面是很困难的，而且田××几次拜访都被秘书拒绝了。

田××看到这样不是办法，他看到车库里有一部特别漂亮的高级轿车，就问旁边的保安："那部轿车好漂亮啊，请问，是你们总经理的座驾吗？"

"是啊！"

于是田××决定守在车库旁，这样肯定能见到总经理了。没想到，疲惫的他不知不觉睡着了，忽然，有人推开铁门，他翻了一个大筋斗，回过神时，那部豪华轿车已扬长而去了。可是，他没有泄气，他静静地站在该公司的大门旁，想这位总经理出去总有回来的时候。这一等就是10个小时，工人都下班了，门卫也轮岗了，他还在守候着。

终于，田丽看到那辆豪华轿车驶来了。此时，田丽一个箭步冲上去，一手抓着车窗，另一手拿着名片介绍说："总经理你好，我已经拜访你好几次了。在万不得已的情况下，我才用这种鲁莽的方式来拜见你，请你多多包涵。"

于是，用这种耐心守候的方式，田××又收获了一单。

如果你遇到的是像这位经理一样事务繁忙的人物，那么就需要拿出自己的耐心。

在家庭中，掌握购买力的权利在谁手中呢？是父母还是孩子？一般说来，孩子处于少儿期是没有决定权的，可是一旦他们长大后，他们的话语权往往比父母重要。

齐格勒有一次在推销厨房用品时和客户谈得很愉快，眼看就要成交。可是，没想到这时他们的儿子回来了，当看到他的父母亲选的商品时，一口否定："这种太难看了，而且用着也不方便，别要了。"

客户的儿子大概十七八岁的样子，他的话让做父亲的感觉很为难。看到孩子对父母有着如此大的影响力，齐格勒意识到这位小伙子才是"当家的"。于是他马上把目标转移到孩子身上，见风使舵地与这个孩子聊了起来。当孩子看中一个精致小巧的锅时，齐格勒赞赏地说："哦，这个的确很美观。可是你已经是一个大小伙子了，这口小锅做的饭还不够你一个人吃呢。"孩子听后不好意思地笑了起来。

此时，齐格勒指着另外一个相同样式但容积较大的锅说："你看，这个比较适合你们使用。"孩子点了点头，他父亲高兴地付了账。

由此可见，判断家庭中谁是"当家的"，可以通过在购买过程中他们各自的言行表现来进行判断。一般在家庭中，具有决策权的一方，其观点是比较明确的，会率先发表意见，提出要求；而另一方则多是附和、顺从，发表不出什么意见。

总之，不论在公司还是在家庭中推销，能找到关键人物决定着整个推销活动的效率。找到重点推销对象，可以提高推销的成功率。因此，通过观察发现关键人物后就要对准他们发起"攻击"。

新人必读的寻找客户法

对于初涉推销行业的人来说，首先要面对客户在哪里的问题？如果没有找对准客户，会影响自己的工作热情。如果能够有效地寻找和选择重点推销对象，就可以大大减少推销的盲目性，增强自己的自信心，从而提高推销的成功率。为此，新手推销员必须掌握一定的寻找客户的方法。

1. 介绍接近法

所谓介绍接近法就是通过熟人牵线搭桥来认识客户。通常，人们对自己熟识与喜爱的人是不设防的，他们在接待推销员时也会比较客气，甚至一些热心的人还会为推销员提供很多有益的信息。因此，采用这种方法寻找客户的成功率高达60%以上。退一步说，即使对方不一定有合作意向，不能成为准客户，对于新手来说可以极大鼓舞工作热情。这个方法分为他人亲自引荐和他人间接引荐两种。他人间接引荐主要包括电话、名片、信函、便条等形式。

推销大师原一平在这方面就受益匪浅，他通过熟人朋友的介绍得以拜见了许多客户。在本公司阿部总经理的介绍下，原一平认识了三菱公司的董事长串田万藏和大学校长小泉信三。串田万藏是财经界的顶尖人物，小泉信三则是学界的佼佼者。之后，通过他们的介绍，或者电话，或者介绍信，原一平陆陆续续又认识了不少客户。而这些人当然都是一些学界、政界、财经界关系深厚的人物。其中包括学习院的院长安倍能成、日本银行总裁涩谷敬三等知名人士等。

对此，原一平说："认识'人'是一件非常重要的事情，人与人的关系是非常重要的。"

只是注意，如果介绍人很有身份地位，不要在拜见他们介绍的客户时炫耀自己与介绍人之间的关系如何密切，更不要居高临下蔑视对方。要真诚地感谢对方给自己拜见的机会，适当地称赞对方和介绍人。比如："××老师说您是一个非常热心助人的人，因此他特意介绍我来拜访您。"这样对方就会有一种心理满足感。

2. 资料搜索法

资料搜索法是推销员通过搜索各种外部信息资料来识别潜在客户的方法。

一般来说，在社会上有名望或者拥有一定规模的企业的人各种媒体上都会有他们的一些资料。如果推销员提前了解到客户的一些信息，如客户擅长的领域、客户的籍贯、客户毕业的学校、客户的职务等。那么，也可以为"一见如故"埋下伏笔。比如通过网上了解到客户是××学校毕业，而自己或者自己认识的朋友也是这个学校毕业，就可以此为理由接近客户。

在目前网络发达、搜索工具众多的情况下，推销员正可以借助此来一展身手。

3. 名片联系法

名片，是扩大交际圈多交朋友的重要工具，当你发现有些人对自己很有服务价值时不妨把自己的名片给他们，同时也别忘记向他们索要名片。小小的名片就把你们联系在一起。慢慢你会发现，名片就是用之不竭的客户资源，可能一张你无意中发出的名片，也会给你带来巨大的生意。

4. 广告开拓法

在国外，推销人员用来寻找顾客的主要方法是直接邮寄和电话。如果有人对此感兴趣给自己打来电话咨询，那么推销员就可以有的放矢，重点拜访他们，让他们成为自己的客户。

利用广告开拓法寻找顾客，关键在于正确地选择广告媒介，因时、因地、因不同的推销产品、因不同的客户,最大限度地影响潜在的顾客。例如,若推销人员决定利用报纸广告来寻找顾客,就既要考虑各种报纸的发行地区和发行量,又要考虑各种报纸读者对象类型。

5. 走近客户的社交圈

一般来说,不同档次的客户都有自己的社交圈,因此,通过走近他们的社交圈,也能达到结识客户的目的。如客户加入健身俱乐部,推销员也加入;客户加入了某社会团体,推销员也加入这一团体。另外,利用事件作为契机也是巧妙寻找客户的办法。诸如客户所在的公司庆典、酬宾、开业典礼、举办各种节日活动,甚至发生了某些危机事件等,也是自己接近客户的最好时机。

另外,推销员还可以通过为客户提供有价值并符合客户需求的某项服务来接近客户。具体包括:维修服务、信息服务、免费试用服务、咨询服务等。采用这种方法的关键在于服务应是客户所需求的,并与所销售的商品有关。

6. 即时寻找法

比如在车站、商场、农贸市场、飞机上或者外地旅游时等,也是寻找客户的好机会。特别是外出途中,火车上聚集着天南海北的人。这些人的言谈举止就是信息,抓住它也可以抓到客户,有意外的收获。

7. 让好奇心为自己指路

只有看到他人看不到的,才能得到他人得不到的。看到他人看不到就需要对人、对事都保持一定的好奇心,这样才能从司空见惯的现象中看到独特的商业价值。

以上这些寻找客户的方法从实践中总结出来的,在实际运用时还需要根据自己的实际情况、根据时代发展灵活运用。只要掌握了一定的寻找客户的技巧、方法,你会发现头三脚也并不难踢,说不定,自己还能赢得一个开门红呢!

任何地方都存在客户

推销的第一步就是寻找客户。但是有的推销员可能有这样的疑问:"满大街都是推销员,上哪儿找、怎么找客户呀?"事实上,对于擅长推销的人来说,从来都不缺少客户,缺少的是发现的眼睛。

客户无处不在,我们要善于发现,善于搜寻。原因很简单,如果要进行推销,一个推销员必须能吸引潜在的客户。但是潜在客户从何处来呢?他们会主动上门吗?对推销员来讲,在家等客户上门,则什么也卖不出去,只有走出去,主动寻找客户才有希望。

很多有经验的推销员认为,寻找到相当数量的潜在客户是他们的重要工作。"搜寻"不仅增加了推销的机会,而且对于维持稳定的销售量有着极为重要的作用。只有认识到持续搜寻客户的重要性,才有可能取得较好的业绩。

如果你未能找到数量充足的新客户,那你就像一条即将消失泉眼的河流,原来的水不断流出,而没有新的水源注入,最后结果只能干涸。推销员永远不要停下寻找客户的脚步,只要你善于开发,每一个人都有可能成为你的客户。

如何去寻找并维持一定数量的有价值的目标客户呢?首先我们要弄清楚什么是目标客户。所谓目标客户就是有可能购买的客户,目标客户至少具有三个条件:购买能力、决策权和实际需求。其中,购买能力是最为重要的一点。推销员在寻找目标客户时要考虑:他有支付能力吗?他买得起这东西吗?一个月收入 2000 元的上班族,你向他推销一部奔驰车,尽管他很想买,但负担得起吗?再则,他有决定购买的能力吗?

很多推销员最后未能成交的原因就是找错了人,找到一个没有决策权的人。有时候产品的使用者和决策者并不是同一个人,比如小孩子想买玩具,他是使用者,决策者可能是妈妈,购买者可能是爸爸。你该向谁推荐?显然应该向决策者推荐。另外,还要看看这个推销对象有没有需求。例如,有人刚买了一部空调，你再向他推销空调，尽管他具备购买的能力和决策权，但没有需求，自然不是你要寻找的客户。

信件，遍地撒网找客户

在推销员寻找客户的阶段，使用推销信也是常见的一种方式。

例如，一位房地产经纪人，就定期向自己所居住的小区里每一个居民寄去一封营销信，打听是否有人准备出售自己的房屋。通过这种方式，他们也可以找到自己的准顾客，而且还可以有的放矢，把自己宝贵的时间花在一些最佳的准顾客身上，专门去拜访他们。

可能有些人会认为，像房地产经纪这类业务的确需要居民协助，其实，很多产品的推销都可以用推销信的方式来广而告之，只要你的产品最终是要走进千家万户。即便你的营销对象是学校、厂矿等企事业单位，同样也可以使用这种方式。比如，许多电话公司都是把营销信和电话相结合，通过营销信发现目标客户后再电话拜访。

推销员之所以使用推销信的方式是因为这种方式存在很多优点。首先推销员可以足不出户，省去很多差旅费。另外，这种方式接触顾客面之广，是其他推销方式所无法比拟的。若一条推销广告被200万人看到或听到，就等于推销人员对100万人进行了地毯式访问。其次收信人一般不知信的内容是广告类的产品介绍，通常会比较重视，拆开阅读一下。不会像街上散发的小广告，摆手不接或者接到随手就扔掉。只是这种方式的局限性在于客户的选择性不易掌握，因此为了尽量降低邮寄成本，最好是先弄到一份某区域或者某小区的顾客邮寄名册，尽量避免较大的浪费。

如果是产品介绍类的推销信，推销员希望通过产品介绍来吸引顾客，发现自己的目标客户，激起潜在客户购买或直接来公司参加一场展销会。那么，在推销信中就应该写清楚以下这些内容：

1. 推销信的标题

标题是推销信的脸，好的标题能立刻吸引读者的注意。读者都想要知道："这个产品或服务对我有什么好处？"如果标题能够告诉读者如何凭借你的产品及服务可以得到某些利益，或者解决某些难题，那么就会吸引准顾客的注意。

2. 推销信的内容

推销信的文本应重点向读者显示产品的优点，满足什么群体的市场需求或者某些人群使用后产生了什么效益等。介绍这些时必须凭借一些实际的例证——包括对比、分析、证言及公证事项，以此来证明你所宣传的好处客观存在；以勾起人们的购买欲望，鼓励人们去行动、反应、订购、回函、来访。

当然，还要介绍该产品是什么企业生产的，生产背景、产品结构、使用材料、工人素质以及一些简单的操作常识、与竞品的区别等。目的在于通过这些铺垫和对比逐步烘托产品的可信性。

总之，写这种推销信时不能站在自己的角度枯燥地介绍，要站在消费者的角度，让他们感到这不是一封来自推销员的推销信，而是帮自己解决问题的信，这样才能引起他们的兴趣。

至于推销信的长短没有一定的规定，视产品的内容而定，只要能够吸引读者，即便是篇幅较长的一个完整并且有趣的故事也无妨。相反，内容很少但是通篇无聊、枯燥，人们也不会看下去。因此，不要放弃用那些有趣而吸引人的事实或者那些可以使内容曲折生动的故事来为推销信增添光彩。

电话——寻找客户一线牵

除了使用推销信的方式外，很多推销员还多利用电话来寻找顾客。电话也早已不仅仅是通信工具的代名词，而成为更多人进行市场营销、商务拓展的重要工具。特别是目前，随着电子商务的发展，视频聊天也成为电话推销的一种方式。

电话推销和一般推销方式相比最能突破时间与空间的限制，是最经济、最有效率的客户开发的工具，并且也可以做到有备而访，提升推销效率。比如，推销人员每天出门访问之前，先给所推销区里的每一个可能的顾客打电话，询问当天有谁需要产品，通过这种方式就可以避免盲目拜访浪费的时间。

打电话虽然简单，但却需要一定的胆量。因为大多数人接到陌生人的电话都不乐意，特别是当听到介绍产品，都会毫不客气地挂断。

那样就没有达到通过电话寻找客户的目的。因此，对于初入行的销售人员来说，打电话之前一定要思考一下：自己的客户到底在哪里？哪些客户才最有可能使用自己的产品？这些信息一定要非常清楚，否则，每天打出哪怕再多的电话，可能都是徒劳无功的。

在明白哪些人会使用自己的产品后就要通过电话让他们尽量听完自己的介绍，之后根据他们的反应判断出他们是否是自己的准客户，这就需要注意打电话的方式。

据统计，许多推销员在电话拜访陌生客户时成功率都较低，甚至远远低于正常水平。其中最主要的原因就是没有注意电话沟通的方式。如果推销员上来就是一通自我介绍，即便是对产品有需求的人也没有兴趣听下去。因此，要通过询问客户，让他们感受到你对他们的关心，才可以在短短几分钟时间内，快速了解一个陌生客户的实际需求。

另外要注意，推销员应该先设法找到负责人，找到关键的决策人，如果做不到这一点，那么一切努力都是白费。比如，你给一个公司负责人打电话，可是不知道对方的名字，那么，也不能有丝毫犹豫或者让对方告诉你谁是负责人。如果你说："麻烦请找一下你们部门的负责人。"或者"我能和××部门负责采购的人谈谈吗？"那样的话，对方一听你很外行，就不会把电话转过去。

因此，不论谁接电话，都要表现出自己主动、决断的态度，可以单刀直入。比如："你们那儿的电子部门谁负责采购？"或者说"××部门的经理在吗？"

用这种方式发问，对方摸不清底细通常会马上告诉你。

另外，还要很注意自己在电话中的形象表现，通过声音和语气给对方一个良好的印象。比如在与秘书进行沟通时，就要尊重他们。"××小姐，您好！我是某公司的，有急事需要马上跟总经理商讨一下，您可不可以帮我把电话直接转给他？"这样说既提出了自己的愿望迫切，事情紧急，同时又讲得非常贴切有礼貌，对方就很难拒绝。

即便是在电话中介绍人寿保险类比较枯燥的内容，语言也要生动有趣，而不是让人们听起来味同嚼蜡。之所以使用多姿多彩的语言为商品增添色彩，是因为自己推销的不是各种寿险品种，而是备受人们欢迎和关心的、能够为人们解除后顾之忧的一种服务。

最后值得注意的是，通过电话推销去拜访客户，在赴约的前一天给客户打电话，确认你们之间的约会也是寻找准客户的一种行之有效的方式。

许多推销员时常因为忘记这件事情。当他们心血来潮或者拜访完其他客户后顺便兴致勃勃去拜访其他客户时却会发现原来客户根本就不在办公室，或者客户正在跟别人洽谈事情。此时自己就无法达到寻找客户的目的，同时也浪费了自己的时间。

因此，在推销员要当面拜访一些准客户时，也可以先通过打电话的方式同客户确认约会。如果客户告诉你，他因为临时有事无法和你见面，就要确定好下一次见面的时间。这样寻找客户才能用最短的时间收到最大的效益，不至于徒劳无功。

"扫楼"的是与非

"扫楼"即逐户推销，每户必访，一家一家的敲门或对写字楼逐楼层地挨家挨户拜访，也称为"地毯"式追踪客户。

其实，这种方式不单单在保险营销及信用卡推广中使用，在多个行业都很常见，几乎很多公司都运用过这种方式。特别是那些销售日用品和意外保险服务的公司，几乎每一个推销员都进行过这种方式的拜访，他们都试图通过这种方式发现自己的准客户。

这种"扫楼"式的推销虽然是每户必访，但是，"地毯"追踪客户最大的缺点在于它具有盲目性。采用"地毯"式方法寻找客户，通常是在不太了解或是完全不了解的情况下进行的访问。

尽管有的推销员在访问前做了某些准备，但难免会有盲目性。如果推销员过于主观，发生判断错误，则会浪费大量的时间和精力。自己推销的是儿童用品，却在没有孩子的家庭中花费时间太多，就很难找到客户。因此，使用这种方式首先要有合适的"地毯"。也就是推销人员应该根据自己所推销商品的各种特性和用途，确定一个比较可行的销售地区或销售对象。

值得注意的是，"扫楼"看起来似乎很简单，但是，并不是每一个推销员都能做到这一点。有些推销员面对比自己有地位、有本领的人家通常会表现出不同程度的自卑感，有时，他们担心自己会被冷漠的面孔拒绝因而躲开了那些令人望而生畏的门户，而只去敲易于接近的客户的门。

殊不知逃避、漏过一家，就可能会失去一次成功的机会。因此，推销员要毫不畏惧，鼓起勇气，一家也不要逃避，一家也不要惧怕。

另外，要通过扫楼发现客户需要掌握一定的技巧。有些推销员即便是敲开陌生人家的房门后，也并没有发现人们是否是自己的准客户，就是因为缺乏相应的技巧。通常在很多情况下，人们都不喜欢不速之客。特别是在使用"地毯"式追踪客户时，推销员没有事先通知客户。人们在毫无精神准备的情况下突然遭遇到陌生人访问，在戒备心理影响下往往会表示拒绝。这种情况会给推销员造成很大的精神压力，也会给推销工作带来很大的阻力。因此，如果没有掌握推销的技巧冒昧地登门拜访是不会成功的。

要带上自己的微笑，让人们看到一张真诚的脸，让人们无法拒绝你的真诚的微笑。当然，我们也不是开口就介绍自己的产品，而是像邻居或者熟人朋友一般先和人们拉家常，联系感情。得到人们的认同和好感后再见机而动，介绍自己的产品。

另外，因为农村和城市相比，居住的院落比较开阔，容易进入，因此，很多公司在地毯式营销时选择从农村入手。比如，史玉柱在推销脑白金时就先从江阴一带的农村入手。

脑白金的销售对象是老年人，而老年人多闲居在家，很想找人聊天。于是，史玉柱进入他们的院落就搬个板凳坐下和他们聊起来，通过聊家常、天气等赢得他们的好感，之后再深入进行，调查他们对保健品的看法。

正是通过这些调查，史玉柱了解到了老人们对保健品有好感后，开始他的保健品营销战。

今天，随着城市楼道的封闭和治安的加强，扫楼式登门拜访很难进行。因此，很多推销员把这种方式改为在小区中和人们直接接触。比如，在很多小区中都会聚集着很多老人。特别是下班后或者公休日、节假日，小区中的人们更是可观。

推销员要抓住这样的机会和客户亲密接触，通过面谈或者发放一些资料等介绍产品、寻找到自己的客户。特别是从事保险的业务员，完全要凭保单"吃饭"，如果只凭在"扫楼"初期赢得保单，那么在以后这些客户资源开发完后，半年之中他们就会退出营销大军。因此，更需要通过公休日和下班后接触小区中的居民来为自己发展新客户。这样逐人接触也是地毯式拜访的一种方式，也可以达到扫楼的目的。

只要每天多主动做一点

要寻找到客户需要主动，不能"守株待兔"坐在办公室中等客户自己找上门去。天上不会掉馅饼。客户不敲你的门，你要走出去主动去敲客户的门。哪怕每天拜访一个客户，多打一个电话，日积月累就可以掌握更多的客户资料。

也许很多推销员会想，每天不惜辛苦地拜访这些客户有效吗？即便多拜访一个又能怎样，难道他们就会成交吗？因为有这种怀疑的态度，他们迟迟不去行动。

任何事情只要你认为正确的，事前切勿顾虑过多，最重要的是，拿出勇气全力冲过去。过分的谨慎，反而成不了大事。只有行动起来才能开启客户的心扉，才能开启财富的大门。

刚从事推销工作时，由于没有保单，原一平曾欠了7个月的房租。

有一天，早上用餐，原一平吃了第一碗，打算再添第二碗时，房东太太和颜悦色地对他说："原先生，你已经欠了7个月的房租，还好意思再添饭吗？"

原一平羞愧万分，无地自容，搬出那个小小的房间。由于无处可去，只好露宿在公园里。但是，即便面临着这样的打击磨难，他也没有泄气，也没有抱怨什么。他知道，只有工作做得好，才有自己的安身之地。于是他鼓足勇气，又踏上了拜访客户的行程。

为了拜访客户，原一平总是第一个到公司，最后一个离开公司的人。他认为，拜访客户的数量越多，成交的可能性才会愈多。哪怕每天多拜访一个客户，日积月累也是不小的数量，也会有不小的成就。因为，每一个客户的信息都是藏宝图，循着它，就能找到宝藏。即便那些目前没有多少明显的购买欲望的客户，日后说不准也是自己值得发展的潜在客户。

要做到这些就需要比其他业务员多做一点。拜访客户后不能认为万事大吉，完成一天的工作了，要为客户的资料分档整理。

原一平每次拜访客户后都会根据客户是否有成交意向，从A到F分级归类，建立准客户卡。为了整理客户资料，他平均每个月用1000张名片。50年下来，累积的准客户已达2.8万个以上。而那一张张准客户卡，在原一平看来都是有血有肉、有生命的。在一张张卡片上，陪伴他度过无数的岁月，记录了他自己成长的足迹。

成功都是有方法的。但离不开一点，吃苦和主动。推销行业本身就需要比其他行业的人多付出一定的体力、脑力，凡事不肯多做一点，不会脱颖而出。

命运掌握在自己的手中。要想在短时间内胜任推销工作，做出令人刮目的成就，唯一的方法就是比别人拜访客户的时间更长，比别人拜访的客户更多，比别人拜访客户的频率更高，也就是说比别人吃更多的苦。何况目前这个时代，任何一个从事推销的业务员都比原一平当时的处境要强上百倍，还有什么理由畏缩不前呢？

既然自己选择了推销这个职业，就要义无反顾地走下去，主动去敲客户的门吧。客户不告诉你市场情况，可以主动去问客户一些情况；也可以主动自己深入到市场一线，亲自去了解市场情况；客户没有告诉你他的基本情况，可以主动地通过其他间接手段去了解。只要每天比别人多拜访一个客户，每天比别人多花一些时间整理客户资料，日积月累，这些资料会见证你成功的足迹。

第四章
控制你与客户的情绪

人是世界上面部神经最多的动物，并且人超高的思维能力也可以很好地控制表情，有喜怒哀乐这些直观的情绪表达，也有代表内心矛盾的复杂表情，还有不易察觉的情绪转变的微表情。在网络上，别人从聊天工具发来表情包，笑脸、哭脸等都传达了很准确的讯息。

在销售过程中，当顾客表情变得紧绷，就要思考是讲了什么不该说的话，当顾客表情又舒展之后，也要思考是什么要点让顾客轻松愉悦起来。

不要做情绪的奴隶

不论做推销员还是其他工作，情绪都起着重要的作用。如果情绪高涨，工作效率就高，和同事相处也愉快；如果情绪低落，不仅会影响工作效率，看到领导和同事也感到厌烦。

情绪是指人们对环境中某个客观事物的特种感触所持的身心体验。每个人每天都要面对许多人和事的变化，心理和生理都会受到一定的刺激和影响。特别是做销售工作，和其他岗位相比异常艰辛，经常充满着挫折和失败，推销员也时常经历着情绪的动荡和刺激。

比如，有些推销员在销售业绩还可以的情况下，心情很好，见到任何人都无比热情；当生意难做，销售业绩上不去时，就不由感到愤怒压抑，有时会不分场合、没有来由地把自己愤怒的情绪宣泄一番。这样过于情绪化就会影响工作、影响客户、影响家人、影响同事。因此，就需要对自己的情绪进行自我管理，懂得适当控制自己的消极情绪。

1. 避免把消极情绪带进工作

一般来说，情绪分为积极情绪和消极情绪两种。欢乐、开心、激动兴奋、自信等可以说是积极情绪的表现，而悲伤、哀愁、灰心等就是消极情绪的表现。

当然，人人都希望每天开开心心，充满积极的、快乐的情绪。可是，美国密歇根大学心理学家南迪·内森的一项研究发现，人的一生平均有十分之三的时间处于情绪不佳的状态。影响情绪的因素除了自己的性格特点外，工作繁重、压力大是关键因素；另外，家庭、领导等和自己密切相关的人，他们对自己的态度也会影响自己的情绪。

而且生活上的消极情绪很容易被带进工作。比如，昨天晚上，你和女友吵架了，今天早晨气还没有消。此时工作中如果再遇上难缠的客户，你肯定会怒火中烧，大吵一架，把心中的怒气发泄一下。可是，你痛快了，客户惨了，你的职业生涯也亮起红灯了。很明显，上司都不会任用太情绪化的员工。人们无法克制自己的情绪，工作效率会大打折扣。

奥斯特瓦尔德是德国著名的化学家。有一天，他由于牙病发作，疼痛难忍，情绪很坏。他走到书桌前，拿起一位不知名的青年寄来的稿件，粗粗看了一下，觉得满纸都是奇谈怪论，顺手就把这篇论文丢进了纸篓。

几天以后，他的牙痛好了，情绪也好多了。于是，他从纸篓里把那篇论文拾起来重读一遍，竟然发现这篇论文很有科学价值。于是，他马上写信给一家科学杂志，加以推荐。结果，这篇论文发表后，轰动了学术界，该论文的作者后来获得了诺贝尔奖。

可以想象，如果奥斯特瓦尔德的情绪没有很快好转，那篇闪光的科学论文就将埋没在纸篓里了。因此，避免把情绪带进工作。

这还不算，而且消极情绪还具有传染性，就像流行感冒一样，周围的人也会受到影响。比如，在单位中，如果你拉着脸，同事也会小心翼翼地避开你，这就是消极情绪的影响。

消极情绪不仅会影响你周围的人，而且传染的速度相当快。一个人如果和情绪低落的人在一起,那么不到半小时他的情绪就会受到对方的传染。如果一个人总是和心情沮丧、唉声叹气的人在一起,不久自己也会变得抑郁起来。那么,团队就会失去斗志,一片散沙。领导肯定不会任由这种消极情绪在团队中蔓延。因此,情绪不佳时即便放下工作也不要把情绪带到工作中。

2. 不要把工作烦恼带回家中

对于这一点,很多人感到不解。既然单位不让我发泄情绪,还不允许我在家中发泄吗?这是我自己的家,谁管得着?

这样想其实是错误的。你能安心工作离不开家人的支持,家人已经为你奉献了很多。如果你再把苦恼、忧愁等消极情绪发泄给他们,他们的情绪受到影响,也会影响你的工作。

推销员不要把自己的消极情绪向家人发泄,人在职场,总会遇到些不如意的事。如果把工作中的种种不快情绪带回家,结果,单位和家庭都充满了"火药味",让你心烦意乱,找不到一处可以避风的港湾了。比如,一家人原本高高兴兴地说笑,可是,你下班后阴沉着脸走回来,家人和孩子肯定都会像老鼠见了猫一样悄无声息地散开,这就是受到你的消极情绪的影响。如果他们也像你一样回来就发泄自己的不满,这个家庭就要被冲天的怒气引燃"爆炸"了。

工作是工作,家庭是家庭,不论把工作上的消极情绪带回家里,还是把家中的消极情绪带到工作中,这种"交叉感染"除了影响自己的心情外,别无他用。因此,让我们向原一平学习,坦然接受一些,保持一个好心情,永远微笑面对他人。

学会调节自己的情绪

既然情绪对人们的工作影响很大,人们就要有意识地调节自己的情绪。如果一个人总是性子太急、脾气太躁、情绪就像一点就燃的火药桶,那些愤怒的炸弹往往会最先炸伤他们自己。因此，要学会调节自己的情绪。

中外历史上，那些能做出一番成就的人就是因为他们善于管理自己的情绪，调节自己的情绪，把那些消极情绪转化为积极情绪。

推销大师原一平也是一个善于调节自己情绪的人。虽然他曾因为冲动而大闹社长，行为有些偏激，可是更多的时候他是个善于调节自己情绪的人。

当他因为交不起房租被房东轰出来不得不在公园的长凳上安家时，还自嘲说：天当房、地当床，这里环境优雅、空气清新，也是个不错的地方啊！

当他被客户取笑个子矮小时，他自嘲说："小个子俏姑娘爱吗？"当他没有钱买不起新衣服，只能穿旧货市场淘的西服和皮鞋时，不是依旧充满自信地向每一个人露出笑脸吗？这就是他善于调节自己情绪的表现。

的确，生活中总有许多不如意，既然发生了，愁眉苦脸、垂头丧气又有何用？重要的是，看到生活中好的一面，让积极情绪战胜消极情绪。

（1）学会冷却自己的情绪

这些有助于发泄怒气。假如你意识到自己情绪不好，将要爆发出来时，可以远离那个令你烦心的地方，去洗手间或其他地方待一会儿，也可以做做深呼吸，把眼睛闭上几秒钟，再用力伸展身体，使心神慢慢安定下来。这样可以起到控制情绪的作用。

（2）不要用别人的错误惩罚自己

人们一旦遇到他人无缘无故地冒犯时，往往怒发冲冠，不是横眉冷对就是大吵一通辩论一番。这样固然可以使自己的情绪得以发泄，但是，可能改变不了任何问题。此时，对方也在气头上，即便他错了也不可能向你赔礼道歉。即便对方是表面屈服于你的怒气，内心并不佩服，更不可能因为你生气而改变他自己。你这样做就是在用别人的错误惩罚自己。因此，正确的办法是不和他人一般见识。

（3）及时调整心态

不论我们在生活中碰到了什么不如意的事，都要及时调整好心态，告诉自己把烦恼抛在脑后。你可以拿起一颗石子或者纸团狠狠地扔到很远的地方。当你这样做时，会感到发泄出去，烦恼似乎也消失了。这样调整，可以及时进入正常的工作状态。

（4）尊重他人

如果你想把自己的消极情绪向他人宣泄时，请想一下，别人和我们一样每天都在"忙碌着""烦恼着"，也想寻求轻松和快乐，为什么还要让自己的烦恼为他们增添痛苦呢？所以，从为别人着想的角度出发，也不应该把个人情绪加给别人，要学会控制自己的情绪。

（5）放下工作

一般来说，人在情绪不好时是很难进入工作状态的。中国古人有怒时不做书之说，讲的就是情绪不好时不要给人写信，以免迁怒于人。因此，不要在气头上工作，那样会忙中出错。

（6）遗忘

要调整自己的消极情绪，最关键的是要学会遗忘。与其让一些无可挽回的事实破坏我们的心情，还不如坦然接受，并学会忘记。毕竟，我们不可能生活在回忆中，我们还有路要走；毕竟，明天比昨天更长久。

俗话说："境由心生"。其实，一切的不如意、一切的烦恼都和自己看问题的角度有关。因此先改变看问题的角度才能改变心情，改变心情才能改变事情。那么，学会调节自己的情绪就要从以上这两方面入手。相信运用以上这些办法，你就可以调节自己消极情绪，如此，不会轻易生气、动怒或者悲观失望，保持稳定的情绪，会让我们受益终生。

自制才能制人

自制力对人走向成功起着十分重要的作用。亚里士多德说过："美好的人生建立在自我控制的基础上。"

可是，大凡爱冲动的人常常是一些自制力很差的人，他们常常放任自己的冲动和愤怒像野马一样奔腾。对于生活中的大小挫折或不同意见忍耐力、承受力都很差。他们自以为是，听不进他人意见，一旦不如意，怒气就迸发出来。可是这样做的结果会如何呢？

有句话说：成功者控制自己的情绪，失败者被自己的情绪所控制。一个人想有所成就，就要有情绪调控的能力。

汽车大王亨利·福特还是一个汽车维修工时，有一次刚领了薪水，兴致勃勃地到一家高级餐厅吃饭。却不料呆坐了15分钟都没有人招呼他。

最后，等其他客人被安置好后，一个服务生才勉强走到他桌边，不耐烦地问他是不是要点菜。

亨利·福特刚打开菜单看了几行，耳边传来服务生轻蔑的语气："菜单不用看得太详细，你只适合看右边的部分（意指低价格），左边的部分就不必费神看了！"

亨利·福特惊愕地抬起头来，目光正好迎接到服务生满是不屑的表情。意思是，你这穷小子，不配吃大餐。亨利·福特顿时怒气冲天，他真想挥拳向这个服务员打去。但想起口袋中那一点点可怜微薄的薪水和因此会失去工作的代价，他又控制住了自己。

亨利·福特冷静下来想，为什么自己不配吃大餐？不就是因为贫穷吗？因此，他当下立志，要成为社会中顶尖的人物，从根本上改变自己的命运。之后，亨利·福特开始向着自己的梦想前进。最终，他由一个平凡的修车工人成为叱咤风云的汽车大王。

自制才能制人。推销员与客户交往，如果情绪总处于一触即发的状态，就无法和客户建立融洽和谐的关系，因此需要有意识地控制自己冲动的情绪，用自制力把冲动的野马降服。

1. 冲动暂缓释放

在和客户的沟通中，有些话可能会让你无法忍受。此时，千万要克制自己冲动的情绪。如果一遇到事情就不假思索、脱口而出，是很愚蠢的表现。

对此，"两秒钟原则"是一个不错的办法。在和脾气暴躁的客户沟通时，开口之前在心里默数到二。在表述完自己的观点之后，停二秒钟再说话，也可以避免说出一些不必要的或者离题的言语。

2. 注意说话方式

许多愤怒和冲动的情绪就是因为话不投机造成的，因此，在与人沟通中，要避免使用"绝对""绝不""总是"这类字眼，因为这类词汇把你看问题、想问题的角度推到极端。

另外，不要在愤怒中，使用"为什么"这个词，因为它有太强的责问人的口气，这会进一步激化矛盾。更不要用"你必须""你应该"等词汇，因为这类词汇给人一种说话人居高临下的态度，容易激发对方的心理上的防御机制，会使现有的矛盾冲突加剧。

可以把"太糟糕了""太坏了""太惹我生气了"这类想法，改为"这的确让我恼火，但发怒也解决不了问题。我还是想想解决问题的方法吧"等。当对方一旦感觉到你在听他/她的意见，并理解他/她此刻的感受，怒气和不满马上会减少许多。

3. 控制争吵和矛盾冲突的时间和场地

有些推销员生意不顺利回到家不管不顾就大发脾气，这也是不理智的表现。

如果在家宴或睡觉之前争吵或发怒，这会破坏你的心情。再有一点是，就是不要在孩子面前经常争吵发怒，这会毁了他们童年的纯真，并使其失去对人际关系的信心。

4. 重新调节想问题的方式

有时候，我们的焦躁和怒气来自不可避免的现实问题，所以，要解决来自这方面的怒气或烦躁，关键是你怎样去面对这些问题。如果你看问题能从一个比较公正、均衡的角度来看，你的怒气也会减少许多。

你不妨想一下，其实自己所经历的只不过是日常生活中一些困难，那你会在心理上平衡许多。

5. 自我消解

爱冲动的人总是把自己的怒气一股脑向别人发泄，可是，他人有必要当替罪羊吗？因此，不妨学学青蛙，自我消解。

青蛙曾向龙王提了一个问题："大王，你高兴时如何？发怒时又怎样？"

龙王说："我若高兴，就普降甘露，让大地滋润，使五谷丰登；若发怒，则先吹风暴，再发霹雳，继而打闪放电，千里以内寸草不留。你呢？"

青蛙说："我高兴时，就面对清风朗月，呱呱叫上一通；发怒时，先瞪眼睛，再鼓肚皮，最后气消肚瘪，万事了结。"

一位哲人说过：人生的美好是人性的美好。美好的人性就需要克制自己弱点和缺失。只有这样才能成为自己真正的主人。自制才能制人，当你以一个冷静理智、成熟的形象出现在客户面前时，客户才会放心地和这样的推销员交往。

提起面无表情者的喜悦

在销售过程中，有一类顾客，当介绍了一大堆产品后，他们的脸上依然面无表情，并且逐渐产生厌烦情绪。销售者往往会猜测，是不是产品达不到顾客的要求。这类顾客对大部分产品都表现得平淡，这并不一定是产品的问题，而是其欲求没有被激发。

客户也许知道他想要什么。孩子想要一个玩具、女士想要一款包、男士想换台车，每个人都知道他想要什么。但未必人人都知道自己真正需要的。而推销员的责任就在这里体现出来了，一个有责任心的推销员，不仅要知道客户表面上的欲求，而且应该找出客户没有想到的问题，并由此激发出他们的欲求。

面对如今数不胜数的同类别产品，顾客对他们的差别并不十分了解，自然在选择上难以把握，所以也不会觉得孰好孰坏，不会思考自己更适合用哪个，于是购物时常常面无表情，没有兴趣。在需求调研过程中，客户明显的、被明示出来的需求，通常只占 1/3，而那些潜在的、没有明示出来的、需要被激发的用户需要，占到了 2/3。

因为这并非引导客户产生需求，而是他们原本就有的需求，所以不会排斥推销者。通常来讲，如何让面无表情者的需求被激发，根本在于你怎样去说。一句话说得人家跳，一句话说得人家笑。同是一句话，不同的说法，效果会有很大的不同。

食品推销员马××想以老套话"我们又生产出一些新产品"，来开始他销售谈话，但他马上意识到这样做是错误的。于是，他改口说："班尼斯特先生，如果有一笔生意能为你带来 1200 英镑，你感兴趣吗？"

"我当然感兴趣了，你说吧！"班尼斯特先生突然露出惊喜的表情。

"今年秋天，香料和食品罐头的价格最起码上涨 20%。我已经算好了，今年你能出售多少香料和食品罐头，我告诉你……"

然后他就把一些数据写了下来。多少年来，他对顾客的生意情况非常了解，这一次，他又得到了食品老板班尼斯特先生很大一笔订货，都是香料和食品罐头。

推销员如果总是用千篇一律的开场来介绍同一种产品，很容易让人笑话，甚至让人生厌。尽管客户大都不会把厌恶的表情露出，但对产品和推销员的内心评价自然低于新鲜的事物了。

在事例中，马××在这里先用"你想赚钱吗"这一句投石问路，但这其实是一块重磅炸弹，可以说没有人会说他对赚钱不感兴趣。于是话题开始了。

当然，客户的需求是多层次的，有眼前的需求，有未来的需求。而推销员要做的就是把握客户最迫切的需求，并放大，让顾客得到最真切最强烈的满足。

你的笑容是会传染的

笑容是一种表示友好、善意的行为。带有真诚微笑的人，常常一见面就招人喜欢。推销员在和客户接触时，笑容是一件不用花钱的好礼物。笑，具有传染性。你的笑容越纯真越美丽，顾客越会感到快乐。

有个笑话就说明了笑的作用是多么重要。

三个外科医生各自夸耀自己高明的医术。一个说："我给一个男人按上了胳膊，他现在是世界闻名的拳击冠军。"

另一个说："我给一个人接好了腿，他现在是全球著名的长跑运动员。"

最后一个说："你们的医术都没有我高明，前不久，我给一个病人装上了笑容，他现在是世界上最伟大的推销员了。"

也许这个笑话有点夸张，可是也说明了笑是多么重要。

笑有这么神奇的作用吗？的确，一张甜蜜微笑的脸，会让人感到愉快和舒适，和谐、理解和满足。特别是对于第一次见面存有戒心的人来说，真挚友善的微笑，就可以消除初次见面的这种心理状态。因此，要想取得客户的信赖，首先需要给对方送去让人惬意的、真诚的微笑。微笑不但能吸引客户、留住客户，还能使客户对你难以忘怀，产生好的印象，即使是难缠的客户，也能使其在你的微笑前放下架子。就算当时没有成效，日后可能在无意间还会再次青睐于你。

一位保险推销员去拜访一位客户。之前，他了解到此人性格内向，脾气古怪。见面后果真如此，当推销员刚说出："你好，我是明治保险公司的业务员。"对方就马上否定："哦，对不起，我不需要投保。我向来讨厌保险。"

"能告诉我为什么吗？"推销员不急不恼，仍然面带微笑地说。

"讨厌是不需要理由的！"客户忽然提高声音，显得有些不耐烦。

"听朋友说你在这个行业做得很成功，真羡慕你，如果我能在我的行业也能做得像你一样好，那真是一件很棒的事。"推销员依旧面带笑容地望着他，而且的确是从内心最深处表现出来的真诚笑容。

听他这么一说，客户的态度略有好转："我一向是讨厌保险推销员的，可是你的笑容让我不忍拒绝与你交谈。好吧，你就说说你的保险吧。"

在接下来的交谈中，推销员始终都保持微笑，客户在不知不觉中也受到了感染而表情舒展，谈到彼此感兴趣的话题，两人都兴奋地大笑起来。最后，他愉快地在保单上签上了大名并与对方握手道别。

我们知道，在推销过程中，很多时候推销员不得不面对冷漠的面孔，可是，如果你带上微笑，效果就会不一般。你会发现微笑是息怒的"灭火器"，是谈判的"催化剂"。当你向他人露出笑容的同时，对方通常都会回以一个同样灿烂的笑脸。绝大多数的会谈都能进行得更加顺利，最后通常能获得对双方都有利的结果。

而且，微笑能展示人的气度和乐观精神，烘托人的形象和风度之美。即便对方怎样看待自己，自己始终满脸微笑，也会使对方改变自己的态度。

当然，销售人员走南闯北，辛苦异常，时常还有一些人为的因素，不可避免，难免会带有一些情绪，有时难免会忘了自己的微笑。如果是这种情况，建议你先到洗手间，把脸部肌肉向上方两侧拉20次，这样你就会好多了，然后踏着轻快的步伐走进客户的办公室，注视客户的目光，面带真诚的微笑。

美国成功学家戴尔·卡耐基说："只要有办法使对方从心底笑出声来，彼此成为朋友的路就在你眼前。对方与你一起笑，意味着他承认并接纳你。"对于推销员来说，笑容是一条铺在他与客户之间的阳光大道，要想获得客户的笑脸，就要慷慨地露出自己的笑脸。

在事业上，笑容是建立信赖的第一步。对于一个推销员来说，笑，它能化腐朽为神奇，可以轻易拆除推销与被推销之间的栅栏。

还在犹豫？那就趁热打铁

在取得客户的信任，并且对产品的服务进行有力的推介后，接下来需要做什么？有的推销员以为应该给客户考虑的时间，因为客户说："让我考虑一下。"这样可能导致一种结果：客户中途改变主意，推销员被放了"鸽子"。从事推销行业，我们是需要给客户空间和时间，但并不是把他们放在一边。

"嗯，这款靴子挺漂亮的，样式简洁，工艺也还行，隔两天我让我老公来参考下。"客户说要考虑，推销员当然不能强求，但是客户不必为她的两天之约而负责，如果就此杳无音讯也是极可能的。如果推销员说："美女，这款靴子库存就只有这一双了，又有折扣，如果喜欢就买吧，等两天估计就没有了。"这种对话足以引发对方害怕"遗憾"的心理，而下决心立即购买。

客户说"考虑一下"，并不是真的要考虑一下，有的是在等待推销员主动提出成交要求，有的是由于手头资金不足，有的是尚未决定是否购买，有的是身边还有存货，也可能是价格上还不如客户的意，当然还有其他的原因。但有一点，客户"考虑一下"本身就说明了他对产品没有太大异议，这个时候是个成交的好机会，如果及时抓住就极可能成交。

针对客户犹豫的心理，推销员要趁热打铁，这时正确的处理方式如下：

1. 先上车后买票

如果客户确实有困难，那推销员也只能等待，不过有时候推销员可以试着这么做：先签约送货，再约定收款日期。这种方法能够有效解决客户的资金困难问题。不过这种办法针对诚信度高和发展前途乐观的客户。

2. 给颗"定心丸"

如果客户怕上当受骗，你可以给客户一定的售后保障，打消他的疑虑，让他觉得自己的行为是正确的。如：轻舟装饰公司开湘西北地区家装行业的先河，成为首家由中国人民财产保险股份有限公司承保的装饰企业，除公司工程质量由保险公司承保外，还给每位客户赠送一份价值6万元的家庭财产保险。如果在施工过程中轻舟装饰施工人员人为造成的质量问题，保险公司将直接赔付，客户完全不用为工程质量、公司信誉担心。轻舟为装饰客户赠送的家庭财产保险更是为客户想得周全，包括盗抢、家用电器用电安全、管道破裂及水渍保险。

在以往的家装过程中，大大小小的家装公司都曾遇到这样的问题，即施工中发生物品损失、质量事故或损坏等，由于产生原因不易界定或不可预测，以此发生的相关费用则成为解决问题的难点，造成在解决过程中扯皮现象，最后受害的大多是消费者。轻舟装饰率先投保无疑将风险进行了转嫁，给客户吃了一粒定心丸，让客户的利益任何时候都能得到保障。

谁真心实意为客户着想，就会取得客户的信赖。作为湘西北地区率先实行家装保险的装饰公司，轻舟装饰的诚信服务和超前服务的理念，无意取得了客户的信任。

3. 吓吓客户也有效

当客户举棋不定的时候，就应该给客户算算账，告诉他早做决定的好处与优惠，否则过了这村就没这店了。

4. 和客户一起"考虑考虑。"

有时候客户是真的不知道要不要买，或者买什么好，这时候推销员就要试图和客户一起考虑，带动他的思路，让他认识到自己真正的需求。

客户："这台设备还不错，不过我考虑考虑。"

推销员："可以呀，主要是那些方面您还不确定，我们不妨探讨一下。"然后拿出纸和笔，就客户提出的问题一一列出，并进行具体商谈。

以和气平息怒气

以和为贵，这是一个简单的真理。但是，要真正实现这一点却相当困难。

在不少推销员的工作中都会发生和客户争执的事情，特别是客户冲到面前，无缘无故地冲着自己大发雷霆、抱怨不迭时，免不了要肝火上升，同对方争执起来。这样做似乎表现出了自己不是狗熊是英雄的一面，可是争执的结果呢？客户永远都不会来买你的账。

从心理学讲，愤怒是人处在压力之下的一种常见的反应。在实验室里，动物会因为过度拥挤或得不到想要的东西而变得暴躁不安。人在气急时，很可能把气发在别人身上，倒霉的往往是无辜的旁人。所以不难理解，尽管客户的愤怒根本与推销员无关，但他们还是首先受到客户的言语攻击。

我们可以借鉴武术里的合气道（日本的一种徒手自卫术，利用对方的力气取胜）的原理来处理客户愤怒。合气道大师从不与对手的力量硬碰硬，而是巧妙地躲开对手的千钧之力。如果推销员能运用这种方式来处理客户发怒的尴尬局面，就会挣脱个人情绪的影响，平心静气地对待愤怒的客户，圆满地解决问题。但是，平心静气并不是说无动于衷，而是说不要被客户激怒，要始终保持理智和冷静。

如果处理得当，愤怒的人会逐渐平静下来。但是如果有人火上浇油，或有人企图控制他们，或对他们粗暴无礼，他们的脾气就越来越大，不闹个天翻地覆决不会停止。我们当然不希望事情发展到这种地步。最好是运用合气道的方法，顺着客户的脾气，转移他们的怒气。

愤怒是一种非常强烈的情绪，它使客户的行为变得情绪化，甚至不顾后果，而且与我们的希望背道而驰。这时，我们就要帮助客户将这种失控情绪转移到其他方面，让他平静下来，再给他一个完美的答复，让他满意而归。

有时候，我们控制对方怒火的方法失灵是很容易解释的。原来，我们一心想跳过某些阶段，直奔主题，但愤怒的客户才不会这样，他们一旦发怒，得经过几个阶段才能平静下来，就像伤心的人总会经历漫长曲折的心路历程一样。愤怒的客户处在否定和责怪的阶段时，根本不讲理性，说话做事都不考虑后果。这时，推销员不要急于求成，要按照客户的心理发展过程，给他们一个发泄的机会,让他们释放怒气之后,沟通才比较容易进行。

心理学家指出,人有一个通病,不管有理没理,当自己的意见被别人直接反驳时,内心会不痛快,甚至会被激怒。当客户遭到一位素昧平生的销售人员的正面反驳时,其状况尤甚。因此要避免争论对客户的伤害,客户的意见无论是对是错、是深刻还是幼稚,都不能表现出轻视、不耐烦等。不管怎样,推销员千万不要和顾客争吵,不能冒犯顾客。

遇到这种情况,推销员应施展说服艺术,尽可能不让客户难堪。

第一、要让客户满足表现的欲望,然后迅速地引开话题。

第二、面带笑容地同意客户。不妨把"对不起,我使您产生了误解"之类的话常挂嘴边。

第三、哪怕是客户错了自己也可以承揽过来。

第四、对于过于敏感的客户,要注意语言使用。

总之,从来就没有哪位推销员能通过争论来说服客户接受自己的产品的。因此,要永远记住商界的铁律:和气生财!

从"表面功夫"做起

穿着打扮虽然只是表面功夫,但如果连表面功夫都不做好,还谈什么实际行动呢?

事实上,得体合适的穿着打扮,是对和你打交道的对象的一种尊重。如果你表面功夫不做足,恐怕连步入实质性推销的机会也会丧失,更别提推销的结果了。推销大师法们一致认为,外表的魅力可以让你受欢迎,不修边幅的推销员给人留下不良的第一印象时就失去了主动。

弗兰克是一个出色的推销员。有一次,弗兰克在一次技术交流会上结识了一位经理,该经理对弗兰克公司的产品颇感兴趣。两人约定了时间准备再仔细商谈一下。前往公司的那一天,下起了大雨,于是弗兰克就穿上了防雨的旧西装和雨鞋出门。

弗兰克到那家公司以后便递出了名片，要求和经理面谈，然而他等了将近一个小时，才见到那位经理。弗兰克简单地说明了来意，没想到那位经理却冷淡地说："我知道，你跟负责这事的人谈吧，我已跟他提过了，你等会儿过去吧。"

这种遭遇对弗兰克来说还是第一次，在回家的路上他反省："是哪个地方做错了呢？"他百思不得其解。

然而，当他经过一家商店的广告橱窗，看到自己的身影后才恍然大悟，立刻明白自己失败的原因了。平常弗兰克都穿得干净、潇洒而神采奕奕，而今天穿着旧西装、雨鞋，看着就像落魄的流浪汉，更别提推销了。

对于推销员来说，得体的穿着不是万能的，但不得体的穿着是万万不行的。推销行业衣着打扮品位好、格调高的推销员，往往占尽先机。当然这并不意味着打扮得越华丽越好，对推销员来说，最重要的是打扮适宜得体，这样才能得到客户的重视和好感。适当的衣着是仪表的关键，所以推销员应该注意服饰与装束。

生活中，我们经常看到这种现象：有的女性，长得并不十分漂亮，而且体型也不十分优美，虽然她穿的衣服并不华丽，而都是一些简单、素雅的衣服，可是在这简单、素雅的装扮中，却能显现出她迷人的超凡脱俗的美丽来。

有一名女推销员，她很会打扮，她的同事和朋友都十分欣赏她，对她的打扮经常是赞不绝口。可是她并不追赶潮流，不是流行什么就穿什么，而是会选择适合自身特点的衣服来装饰自己。她的衣服从来都是与众不同，总是给人一种新意、一个亮点，让你耳目一新。她也十分重视不同衣服间的搭配，不同的服饰交错地搭配，就会烘托出不同的效果。她走在哪里，都是一道美丽的风景。所以，她的忠实客户总是很多。

在美国一次形象设计的调查中，76%的人根据外表判断人，60%的人认为外表和服装反映了一个人的品位。毫无疑问，服装在视觉上传递你所属的社会阶层的信息，它也能够帮助人们建立自己的社会地位。在大部分社交场所，你要看起来就属于这个阶层的人，就必须穿得像这个阶层的人。正因如此，很多豪华高贵的国际品牌的服装，虽然价格高得惊人，却不乏出手不眨眼的消费者。人们把优秀的服装与优质的人、不菲的收入、高贵的社会身份、一定的权威、高雅的文化品位等相关联，穿着出色、昂贵、高质地的服装就意味着事业上有卓越的成就。

为了在着装时能够得体，以达到一种和谐统一的整体视觉效果，推销员有必要了解一些着装的原则。

1. 要和自身"条件"相协调

要了解自身的缺点和优点，用服饰来达到扬长避短的目的。所谓"扬长避短"重在"避短"。比如身材矮小的适合穿造型简洁明快、小花图案的服饰；肤色白净的，适合穿各色服装；肤色偏黑或发红的，忌穿深色服装；肤色偏黄的，最好不要选和肤色相近的或较深暗的服装，如棕色、深灰、土黄、蓝紫色等，它们容易使人显得缺乏生机等。

2. 要和身份、角色一致

每个人都扮演不同的角色、身份，这样就有了不同的社会行为规范，在着装打扮上也自然有规范。当你是柜台销售人员，就不能过分打扮自己，以免有抢客户风头的嫌疑；当你是企业的高层领导人员出现在工作场所，就不能随心所欲。

3. 要和所处的环境相协调

当人置身在不同的环境、不同的场合，应该有不同的着装，要注意服装和周围环境的和谐。比如，在办公室工作就需要穿着正规的职业装或工作服；比较喜庆的场合如婚礼、纪念日等可以穿着时尚、潇洒、鲜亮、明快的服装；悲伤场合如葬礼、遗体告别等，参加者的心情是沉重而悲伤的，所以要素雅、肃穆。

4. 要和着装的时间相协调

只注重环境、场合、社会角色和自身条件而不顾时节变化的服饰穿戴，同样也不好。比较得体的穿戴,在色彩的选择上也应注意季节性。如春秋季节适合选中浅色调的服装,如棕色、浅灰色等;冬季可以选偏深色的,如咖啡、藏青、深褐色等;夏装可以选淡雅的丝棉织物。

第五章
轻松应付各种性格客户

要问哪种职业最容易看出一个人的性格，非推销员莫属。推销员们要维持对工作认真的状态，就要克服客户的性格可能带来的影响。要解决这种影响，就必须做到尽快分析，尽快找到应对方法。所以，一些新进推销行业的业务人员，要在客户拜访和沟通中多留意、多发现和多分析，揣摩客户的心理，察言观色，迅速判断出客户的类型，以缩短业务成交的周期。

顾客一味讨价，却不报价

"还能再便宜点吗！"伴随着顾客的"我下次还来买。"就能让大部分销售者进退两难。试探商家的底线，当商家问他们理想价格是多少时，他们又会说："放心，你肯定还有得赚！"

像这样出现频繁讨价顾客的一般是服装店或家具店，这类实体店里一般顾客也不多，销售者和顾客都知道谈一笔交易可以花无限多的时间。很少会有果断爽快的顾客，精明的顾客永远占多数，商家也早就习惯。一般在经过漫长的挑选后，顾客锁定了自己中意的商品，谈价环节，若销售者不肯让步，也许就会前功尽弃。

不说想要的价格，卖家就难以做个折中的价。一般来说，无论大事小事，我们通常是折中的。通过分割，达到公平的效果，他们也得到了自己想得到的东西。若顾客迟迟不出价，那么你就说出你能接受的最低价。

一件裙子300元，打完了折后是230元，顾客说："能再便宜点吗？我下次还来。"

商家这时候应该可以察觉到顾客的心思了："友情价给你215。"

"还是不便宜。"

"那你的理想价格是多少？我最低只能给你 205 元。"

"再便宜点不行吗？"

"若你还想压到 200 元以下，那我就不卖了，太吃亏了。"

"180 元吧？"顾客还想继续试探下。

"不行，就 200 元！"

这种说法虽然有点自乱阵脚的感觉，但其实给自己争取了主动，顾客看商家愿意主动让价的样子，并且价格还算满意，自己也就满足了。但他们还是会试着看能不能再讨价一次，看到商家态度强硬后也就不强求了。其实 200 块钱依然能赚 80 多。商家切记，自降价格时一次不能降太多，不然顾客会觉得你保留的太多，还是避免不了压价的无底洞。减少让步的幅度可以让顾客确信已经是底价了。

应该考虑让步，但同时，也应该考虑回报。不要光想到让步，也要想到让步值不值得，如无回报，决不能轻易让步。让步也要尽量远离底线，否则在之后的沟通中就容易绷得太紧，稍不注意就交易失败。

让步的艺术在于：第一，在最后关头让步，不到万般无奈的情况下就不要轻易让步，如果在沟通一开始就轻易让步，那很容易将自己置于极其被动的地位，客户可能会得寸进尺。

第二，为了在关键问题上获得客户认同，推销员可以先在细枝末节的小问题上表示适度的让步，这样可以使客户感受到你的诚意，同时也可以使客户在关注小恩小惠的时候淡化其他问题。

最后，要让客户感到你让步的艰难。在让步的同时明确告诉客户，你做出这样的决定非常艰难和无奈。除了明确告诉客户之外，推销员还可以通过请示领导、拖延时间、示弱等方式让客户感觉到得到这样的让步已经很难得了。

比如当客户提出某项要求时，即使这些要求可以实现，推销员也不要爽快答应，而要通过一点一点微小让步来显示让步的艰难，这样可以降低客户过高的期望。掌握这一技巧十分重要，如果推销员在让步时表现得非常轻松，那客户会认为你还有更大的让步空间。

此外，商家还可以用别的赠品来抵消讨价，保留最后的余地，比如一件衣服赠送一个帽子，一套桌椅送一套茶具，这是商家常用的方式，赠品的价格往往没看上去的贵，但对顾客有吸引力。

顾客嫌老板小气，没礼品送

也许明明已经还了好些价，但顾客还是觉得买贵了。最直观的表现就是顾客抱怨没有礼品送，得了西瓜大的便宜还要芝麻大的小礼品。这类客户，销售们经常碰到，他们已经有了成交的意向，也明确跟你说了要买，可就是在价格上纠结，不是让你打折就是要赠品，如果你不同意，他们就说不买。

销售行业中流传着这样一句话：客户要的不是便宜，而是要感到占了便宜。客户有了占便宜的感觉，他就容易购买你推销的产品。

很多销售面对这种客户都很头疼，直接拒绝吧，有点心疼，毕竟也是一单买卖。同意吧，利润降低了不说，还担心客户会得寸进尺，又提出新的要求。

面对那些优柔寡断、斤斤计较的客户，与其勉强让他做出购买的决定，还不如采取欲擒故纵的方法。原因很简单，当我们想尽一切办法想说服这种客户的时候，只会给客户带来更大的压力，而欲擒故纵正好可以避免给客户造成的压力，将主动权交给客户，从内心上让客户轻松愉快的接受，促使客户做出有利于你的决定。

当顾客的要求不能满足时，就假装放手，你可以告诉客户，已经是赔本买卖了，要不您去别家再看看？或者，这个价格我们得亏本，您自己再考虑下。

说这种话并不真的要赶客户走，而是要让客户相信，这已经是你能接受的底线了，这样客户会认为，我买的是最低价，吃不了什么亏。

但欲擒故纵法在使用上也有技巧，有的销售员也想欲擒故纵一下，可说出来的话却怪怪的，让客户觉得你这是在套路他，干脆真的就离开不买了。

为了帮助大家更好地掌握这个方法，我给大家两点使用原则：

第一点原则，显示出你的真诚。

举个简单的例子，你告诉客户，这已经是赔本的买卖了，然后再跟他说，我再去问问经理，看能不能少一点。你这么说，客户肯定觉得，这个价格你根本不会赔本，你只是这么随口一说。

显示出真诚，就是让客户觉得，你说的是真的。

另外，对客户保持礼貌和客气也能显示出你的真诚。如果你一副不耐烦的样子跟客户说，这个价格我们卖不了，你找别人吧。你猜客户会怎么做，肯定非常不舒服，甚至跟你吵起来，然后转头就走。

所以，显示出真诚是欲擒故纵法的第一个原则。

第二个原则是显示出决心。

有的销售开单的欲望太强烈，虽然也欲擒故纵了，但让客户觉得你就随口一说，并不当真。所以，我们要有坚持底线的决心。

总而言之，欲擒故纵法是一招好棋，也是一招险棋，大家如果想要灵活运用，就必须坚守刚才说的两点原则，一是显示出真诚，让客户相信你；二是显示出你的决心，坚守住底线。把握住这两个原则，欲擒故纵的效果一定能如你所愿。

有抱怨好过没抱怨

世界一流的销售训练师汤姆·霍普金斯说过："客户的抱怨是登上销售成功的阶梯。它是销售流程中很重要的一部分，而你的回应方式也将决定销售结果的成败。"是的，抱怨是客户的专利，同时也是客户的爱好。

即使你的售前和售后服务非常到位，客户也免不了会抱怨。其实，客户的抱怨是件好事，它表示客户愿意跟你来往，愿意跟你做生意。而你也可以通过客户抱怨来改进产品或服务的品质，赢得更大的市场。

面对客户的抱怨，推销员该怎么办呢？

以真诚和客户交朋友。如果目的只是要解决客户的投诉，那么可以就事论事地解决问题，这种方式也许奏效。但如果想让难缠的客户成为伙伴，就得表现出人情化的一面。

为了表示真诚，问客户："怎么称呼您？"之前先要告诉对方自己的称呼。客户知道了对方姓甚名谁，心里就会有种安全感，出了问题可以找对方。最好能给客户留下名片，让客户对你的情况有更多的了解，以备今后及时反馈信息。而且，双方交换了姓名之后，就初步相识了，双方可以通过进一步交谈成为伙伴或朋友。

人是讲感情的，我们不是要和机器或企业建立伙伴关系，而是要和我们知道的某个人建立伙伴关系。

如果客户说了什么损人的话，伤了你的心，可以告诉他们你很难过。如果不知道下一步该怎么办，就在客户面前虚心承认："我自己搞糊涂了！我不知道该怎么做，不过我会理清头绪的。"实际上，客户并不希望你是万事通，对每件事情都非常精通，但他希望能优先考虑到他。

如果要向客户道歉，态度一定要真诚。客户经常觉得对方的致歉毫无诚意，不过是应付。这是一种自我防御的本能。要让"对不起"真正发挥作用，就要告诉客户：企业在管理方面还不到位，请包涵，你有什么事可以直接找我，我保证一定会尽力为您解决。

另外，推销员也会碰到一些客户以前使用过公司的产品，但很遗憾该产品带给客户非常不好的印象。当客户抱怨以往的状况时，推销员必须谨慎应对，才能化危机为转机。

当客户提出抱怨时，千万不要以不清楚、不太可能吧，别的客户都没有这种情形，我们公司保证不会发生这种事情等消极否认的态度。面对客户的抱怨，要站在客户的立场，替客户感到委屈。

能向推销员抱怨的客户，多半对公司仍抱有期望，否则他根本不需要花时间听你产品的状况，并向你抱怨以前的不满，因此只要你能善加处理，再取得订单也非难事。

为了化解客户的心结，你一定要掌握引起客户抱怨的真正原因，针对这些原因在推销过程中给客户认真解答。

有抱怨的客户才是真正有需求的客户，面对这些客户，只要你能耐心地化解他的抱怨，他就能成为你最忠诚的客户。

倾听是首要的推销步骤

倾听，即仔细聆听，它是面谈中促使客户作出购买决定的一个非常重要的手段。在与客户进行面谈时，不少推销员总是滔滔不绝，不给客户表达意见的机会，殊不知这样很容易引起客户的反感。实际上，倾听比谈话更为重要。依据专家提供的资料表明：任何一次面谈的成功，约有75%要依赖推销员倾听功能的发挥，而只有25%是依赖谈话技巧来完成的。

面谈过程中把更多的时间留给客户，表面上看客户似乎是主动的意见发出者，而推销员是被动的意见接受者；前者掌握面谈的主动，而后者处于不利地位。其实心理学家经过大量的研究证明，"说"与"听"两者相比，听者更为有利。原因很简单，在交谈过程中，听者思考的速度大约是说者的近5倍，显然在问题思考上，倾听的推销员要比说话的客户更具有优势。在倾听过程中，推销员可以有充分的时间，对客户的真实需要、疑虑、问题进行准确的判定，及时捕捉各种购买信号。同时，善于倾听，投其所好，又能很快赢得客户的注意、兴趣和信任。

倾听能帮我们获益良多。

首先，倾听了才能思考。如果推销中所有的话都是单方面你在讲，那么客户就会被逼不断地听，你越是不断地说很好，客户越觉得烦，销售成绩自然不佳。

当你在强力推荐商品时不断重复的话语，充其量只是在演练先前所学习的说辞而已，并没有时间去思考，也无法针对客户的问题加以解答。

如果你能让客户说出心中想法，你可以利用倾听的时间想其他对策，就能使成交的几率增加。

其次，倾听可以找出客户的困难点。面对面的销售时，最令人泄气的莫过于客户冷淡的反应与不屑的眼光，这对于推销员的信心是十分严重的打击。许多客户在问答之中只会应付式地说几句客套话，正是因为担心说出他的需求后会被推销员逮住机会而无法逃脱。要去除这种困扰，只有想办法让客户说，并且在询问的过程中令他务必说出心中的想法及核心的问题，这样才能找到销售的切入点。

现在，让我们看下面的故事：

古时有一个国王，想考考他的大臣，就让人打造了三个一模一样的小金人，让大臣分辨哪个最有价值。最后，一位老臣用一根稻草试出了三个小金人的价值，他把稻草依次插入三个小金人的耳朵，第一个小金人稻草从另一边耳朵里出来，第二个小金人稻草从嘴里出来，只有第三个小金人，稻草放进耳朵后，什么响动也没有，于是老臣认定第三个小金人最有价值。

同样的三个小金人却存在着不同的价值，第三个小金人之所以被认为最有价值，是因为其善于倾听。其实，人也同样，最有价值的人，不一定是能说会道的人。善于倾听，消化在心，这才是一个有价值的人应具有的最基本的素质。

外国有句谚语："用十秒钟的时间讲，用十分钟的时间听。"善于倾听，是说话成功的一个要诀。据美国俄亥俄州立大学一些学者的研究，成年人在一天当中，有７％的时间用于交流思想，而在这７％的时间里，３０％用于讲，高达４５％用于听。这说明，听在人们的交往中居于非常重要的地位。

在推销的过程中，很多推销员一心只想表现自己，喜欢高谈阔论、夸夸其谈，却不能耐心倾听别人的意见与想法。他们以为，只有自己不停地说，客户才会被制胜。事实果真如此吗？不然，他们是能说会道的人，却不是最招人喜欢的人，因为他们不懂倾听比倾诉更重要。

其实，倾听饱含着很多意义：倾听证明你在乎、尊重别人，倾听证明你不是孤独的。倾听是一种心灵的沟通，只有认真地倾听，才能更好地倾诉，倾听和倾诉是相辅相成、互相依赖的。倾听是倾诉的目标和方向，没有倾听的倾诉就是无源之水。

所以，真正有经验的推销员会明白，让客户多说话是推销成功的秘诀。

让挑剔的客户快速下决定

做销售的都喜欢那种痛快成交的客户，只要他们看上了，价格合适，立马就要买单，一点儿都不拖延。

可现实中，这种客户并不多，更多的时候，我们碰上的都是那种拖拖拉拉、犹犹豫豫的顾客。

面对这样的客户，我们该怎么办？

放弃吧，前期投入了时间和精力，好不容易开发出来，就这么放弃太可惜了；不放弃的话又不想继续跟顾客耗下去，总不能直接跟人家说，你都看这么久了，再不买我不奉陪了。

来教大家一个很管用的时间成本法，让客户尽快跟你成交。

所谓时间成本法，就是将时间当作成本，让客户明白，继续等待就要付出更多的成本。面对犹豫不决的客户，我们可以用时间成本推动他们快速成交。

时间成本法在实际操作中可以分成两个部分：

第一个部分，告诉客户时间成本，也就是客户继续拖延下去会损失什么。

举个简单的例子来说，客户看中了一款价值3000元的新手机，但他觉得这手机刚上市，价格肯定贵一点，想等一等，看看网上或者别的店子会不会便宜一些。

这时，我们就可以把他等待时的时间成本告诉他。首先，这样跑来跑去耽误了自己的时间。再者，过了几个月，这手机就成老款了，到时候就算便宜了几百块钱，用的却不是新款手机，这是不是损失。

时间成本法的第二个部分是告诉客户现在购买的好处。

其实这点非常好说。一件产品，早买和晚买的最大区别是，早买早享受，晚买晚享受。举个例子，客户喜欢一件衣服，但迟迟不愿付款，那我们就可以说，这件衣服，您今天买了今天就能穿，穿出去漂漂亮亮的，多好。

除了早享受这一点好处之外，我们还可以结合实际情况为客户创造更多的好处。

比如说，公司正在搞活动，离活动结束还剩两天了，你就可以跟客户说，现在购买能享受到公司的优惠活动，过两天就没有了。客户一听，如果过两天买的话，就等于损失了这次的优惠，那他自然就会考虑立刻成交。

这就是时间成本法的妙用，先是告诉客户，如果迟一些买会损失什么，然后再告诉客户，现在成交有什么好处。两个部分结合起来，客户购买的欲望就会更强烈了，你也就能如愿开单。

另外，心理学上有一个名词叫损失厌恶，最早来源于美国加州大学的一次实验。实验人员假扮电力公司的员工，他们找了两组人，告诉其中一组人，换上新的电力设备每天能节省 50 美分；然后他们又告诉另一组人，如果不采用这种新的设备，每天会损失 50 美分。

最后他们发现，那些被告知能省 50 美分的人对这套设备并不重视，换的人也不多。而被告知不换设备每天要损失 50 美分的人就积极多了，他们中的大部分人都愿意换上新的设备。

这个实验中的损失与收益相同，但以损失作诱因的说法更有说服力，这种心理暗示被称为损失厌恶。

这种心理现象也被营销学广泛采用。比如现在的饥饿营销利用的就是人的这种心理，他们觉得没买到就是一种损失，而对这种损失的厌恶会让他们心甘情愿地排队购买。

使用这个技巧得有前提，那就是客户有明显的购买欲望，没有拒绝你，也没有离开的意思。这时，我们不妨试试损失厌恶法。

首先将优点详细讲解给客户听。这样做的目的是让他们对产品产生好感，形成黏性。

小张是卖家具的，这天，一位客户过来买沙发，转了半天，他对一款黑色的真皮沙发有兴趣。但是，他没有明确地说要买，只是说这沙发挺好看，手感也好。

这时，小张就说，您眼光还真好，这套沙发是我们店子里卖得最好的一款，上周就卖出去了十套。它的材料、做工都是国内顶级水平。

小张这么说，就是希望用这番话让客户加强对产品的印象。

接下来，就是利用损失厌恶，告诉客户可能缺货或者断货，促使客户尽快成交。

小张是这么说的，这套沙发现在销量很大，我不知道仓库里还有没有货，我得问问清楚。

小张没有立刻满足客户的需求，相反，他利用这句话告诉客户，哪怕是你现在就要买，我们也不一定拿得出货。

对客户来说，此时他肯定会有一点紧张，好不容易看中一款，万一没货了我是不是还得等？小张在问的时候，他心里肯定也会有一点期待，希望库房里至少有一套存货。

此时，小张回来告诉他，太难得了，今天上午刚运来几套新的，正好你赶上了。

大家说，这时客户成交的愿望是不是已经非常强烈了？

为什么？因为之前小张的话已经让他有了一种错觉，感觉自己买不到这套沙发。现在又有货了，他就会有种失而复得的感觉，八成会立刻交钱买下来。

这就是时间成本法和损失厌恶法的作用，利用人们害怕和厌恶损失的心理，间接提升客户的购买欲，加速开单！

与外向的客户聊天

推销员于德清一次去某公司拜访，正好遇到了该公司的销售主管，销售主管很健谈，于德清心想，这回好了，碰到个容易沟通的客户。坐下来一谈才发现客户是个历史迷，拉着于德清"上下五千年""古今中外"就说上一通，先说一会儿中国古代史，接着聊一会儿文艺复兴，再一会儿"二战"，于德清根本没法插上话，一上午的时间就这么过去了，什么事情也没谈成。

显然，于德清遇到的就是外向健谈的客户。对付这样的客户，应该及时转移话题，引导谈话尽快回到正题上，防止被牵着走。

外向型客户的普遍特征是他们的主观意识很强烈，以自我为中心。同他们握手时，你会很明显地感觉到其力度，他们的口头禅是"我认为""我觉得""我多年的经验"等。在与其沟通过程中。你会发现，他们说话的底气很足，音量很高，有时候你会感觉透不过气来，因为他们说话语速很快，而且经常会向你问一些问题，这些问题通常都很尖锐。当然，整个谈话的主动权大部分是掌握在这类人的手里，因为他们的控制欲很强。

当然，如果不喜欢商品，他们会很坦率地把自己不购买的理由和对商品的意见说出来。这其实是有利于推销工作开展的。他们对推销员有一种微弱的抗拒心理，一见推销就马上说："我不想买，只是看一看。"其实，只要商品使他们满意，使他们喜欢，他们马上就会忘记自己说过的这样的话。其仔细揣摩，他们说这样的话本身就是一种暗示，表示自己想看一看，如果看着好他们会考虑购买的。

外向型的客户还有着很强的时间观念。对于时间的把握，他们甚至能精确到以分钟甚至秒计算的程度。如果与这样的客户预约，你一定要做好准时赴约的准备，否则你会给这类客户留下一个没有时间观念的印象，从而会失去他们的信任。

外向型的客户最关心的问题是你的产品是否能够帮助他们增加收入，减少投资回报的时间并获取最大的利益。你是否能够帮助他们完成工作业绩，是否可以助其"升职"，至于你产品的技术性能如何、你的服务的优异程度如何都不是他们主要考虑的内容。这类客户最大的要求是"高效"，说服他们最好的方式就是用事实证明一切，其他解释都无济于事，那样只会被认为是"啰唆"。

外向型客户对新事物都有一种不可抗拒的求知欲，对于推销的商品他们也会带着极大的兴趣去了解它的性能、优点及与之有关的一切信息。

外向型客户的弱点是粗心大意。下面介绍一些小技巧，对接待外向型的客户很有帮助。

1. 认同客户，以达到思想上的共鸣。
2. 注意倾听，做好听众。
3. 弄清对方的真实意图。
4. 不要跟着客户说，否则就更容易跟着客户的思路走。

给懒惰的客户便捷

客户并非真的很懒，不然不会出来购物，而是他们在消费上不愿即花钱又耗超过预期的精力，根本不能满足他们的消费享受。

每个推销员都该实践这项常识：简化顾客跟你做生意的手续。

这听起来很普通，确实也很基本。对顾客而言，这项因素所占的重要性可能超出你所想象。

有两项简单化的基本原则：

（1）简化一切顾客接触界面。

（2）让顾客与你做生意的过程非常便利。

在21世纪这个高速度、快节奏的时代，"保持单纯"的价值显得格外珍贵。

顾客重视单纯，因为那代表高效率、高效能，而且，单纯的好处在于顾客容易回应。即使你的产品需要经过高科技知识教育才得以使用，你还是要让众人了解如何能买得到它。

便利性也同样重要。懂得顾客需要"方便"的公司，会设法通过节省时间而赢得客户，而时间乃是它们最重视的资产。把所有可能的选择、服务项目以及订购时间摆在顾客面前，让他们随时随地都可以与你做生意。

1. 简化作业流程

联邦快递（USP）

牢记4个字母：KISS，也就是"让业务往来极其简单"（Keep It So Simple）。联邦快递发明可重复使用的隔夜快递信封袋时，所遵循的就是这条法则。许多寄送需要签名文件的人，诸如银行、证券商、律师绝对会欣赏这种办法。有了这个新包装，顾客只要签好文件放回信封，撕开第二层自动贴条把袋子封好寄回。就这么简单，联邦快递抓到了回头生意。

联邦快递也同时提供给顾客免费的网上办公软件，该软件可储存地址、印制标签、自动计算运送费用、追踪包裹寄送记录。此外，还可将包裹状况以电子邮件寄给顾客，包括寄发日期、件数清点、内容、重量等详细资料。

第三项则是联邦快递文件交换方案。它可将任何数字化文件，经由网络以全球各地可读格式传送，所需安全程度则由顾客选择。此外，就像这家小包快递专家所提供的其他服务一样，也会追踪包裹递送状况。

2. 增加便利性

山姆会员俱乐部

美国山姆会员俱乐部的确是便宜购物的好地方，但它们的会员卡却不许借给他人，就连直系亲属也不例外。所以，想到这里购物就非得拖着持卡人一起来，不然就不能享受优惠折扣。然而最近该俱乐部有了变通：会员可为配偶或某位亲友申请副卡，期限1年。此举对消费者而言非常方便，而就山姆会员俱乐部来说则是一项高明的手法，一旦副卡到期，必须缴费才能续用时，消费者真舍得就此放弃吗？

注意顾客的肢体语言

在很早以前，研究人员的研究就表明，在人们的沟通过程中，要完整地表达意思或完整地了解对方的意思，一般包含语言、语调、非语言行为或身体语言三种基本构成要素。

一位成功的推销员，在示范产品时，会仔细观察客户的身体语言信号，评估客户对产品示范的反应，并据此调整示范方法，促使交易完成。

身体语言或由外界刺激引起的不随意的身体运动，是一门借助于身体移动、脸部表情、姿势、手势及与其他谈话人的位置或距离等变化来进行信息沟通的学问。肢体语言通常是无意识的，而且难以控制与掩饰，它比言辞还能更清楚地表达内心的意向！

著名的人类学家、现代非语言沟通首席研究员雷·伯德威斯特尔认为，在典型的两个人的谈话或交流中，口头传递的信号实际上还不到全部表达的意思的35%，而其余65%的信号必须通过非语言信号的沟通来传递。

推销员一旦掌握这些身体语言的信号，并准确地解读出其中的含义，无疑会对他的事业有很大帮助。

身体语言同个人的性格和情绪密切相关，情绪越激动，其身体动作的幅度也越大，身体语言也就越多。在人们之间的交往中，身体语言起着十分重要的作用，推销员在初次拜访客户时尤其如此。

大多数人都认为，人们之间进行面对面的交谈，能够更加简单而又有效地影响对方，不仅有利于自己施展交谈技能，而且还有利于对方了解自己的声望、魅力、其他专门技能和影响力。

"在谈话的过程中需要特别留意的是客户的肢体语言。"著名推销大王雷蒙·A·施莱辛斯基对此深有体会。有一次，他饶有兴致地向客户介绍产品，而客户对他的产品也很有兴趣，但让雷蒙·A·施莱辛斯基不解的是，客户时常看一下手表，或者问一些合约的条款，起初他并没有留意，当他的话暂告一个段落时，客户突然打断他进行到一半的商品介绍，"你的商品很好，它已经打动了我，请问我该在哪里签字？"

此时雷蒙·A·施莱辛斯基才知道，客户刚才所做的一些小动作，已经向他说明他的推销已经成功，后面的一些介绍无疑是多余的。

相信有很多推销员都犯过像雷蒙·A·施莱辛斯基这样的失误。肢体语言很多时候是不容易琢磨的，要想准确解读出这些肢体信号，就要看你敏锐的观察能力和经验了。

肢体语言是"第二种语言"。如果一个人的"形体语言"越简单，就越容易被掌握。因此，要想成为一名优秀的推销员，就不要让客户离开自己的视线，持续观察对方的反应、动作以及眼神的信号和面部表情的变化。

此外，肢体的接触也象征着意见的交流，这样能使交谈的气氛更为融洽，但在进行促销时，则必须稳重而不失礼地运用你的肢体语言。

记住，客户的肢体语言是一种非常重要的信息，推销员若是能正确地判断，就会取得良好的沟通。换句话说：对信息做出正确的反应，准确解读客户的肢体语言是推销员推销成功的最坚固的、最基本的和最必不可少的因素。

应对客户的意外情况

尽管在上门拜访之前，推销员做了相当充分的准备工作，预备了翔实的商品说明。但在你进行商品说明时，还是会有诸多你难以预料到的意外扰乱你的思绪，破坏你进行商品说明的正常流程。下面我们举几种常见于商品说明进程中的"意外"，告诉推销员正确的应对之道。

1. 客户体型较瘦小

如果推销员一进门就发觉谈话对象相当矮小，与自己形成明显的对比。

这时，为了缓解对方心理上的压力，就要注意在彼此都站着的时候和客户保持较大的距离。

无论如何，要避免居高临下的情况发生，如果有类似的状况，要尽快想办法坐下来。

2. 客户开始乱涂乱写

推销员要注意客户在销售商谈中在纸上涂写的动作，并要立即看清楚：客户画的是人、是房子，还是其他物体的图形。

这就是警示灯亮了的信号：客户没在专心听了，要尽快想出话题来唤回客户的注意力，如果客户只是画些无意识的抽象线条，推销员就不必紧张。抽象线条或圆圈的图形是机械式的自然动作，客户其实还是在听的。

3. 客户另有事要办

在第一次见面商谈时，推销员可能注意到客户似乎坐立不安，心不在焉，那就是有事未解决。例如桌子上放着签了字的公文夹等等。

这时，推销员可以大大方方地表示："请您先签公文，我可以等你办妥再谈。"这种体贴的态度，可以让获得对方的好感。

4. 客户口若悬河，离题万里

交谈的确很融洽，最后宾主双方还高兴地握手道别，但推销却没有丝毫进展——这是许多推销新手常遇到的困惑。

推销吸尘器的小张在某酒店的总务室与王经理谈了一个多小时，话题却完全被王经理牵住，从"超级女声"到"绝对挑战"，从"奥运经济"到"抗战胜利60周年"。尽管小张有几次试图将话题拽回，但总是找不到一个合适的切入点。

客户与推销员侃大山，原因一般有二：一是他特意以这种方式拒绝你的推销；二是他不自觉地将话题偏离了。不管哪一个原因，推销员都应该在适当的时候将话题拽回主题。

比如上面所提到的吸尘器推销员小张，他完全可以在王经理大侃"绝对挑战"时，装作不小心将手中的圆珠笔掉在桌子下，然后埋头找几秒钟——以此迫使王经理闭上嘴巴。等王经理没说话时，小张可以拾起笔、直起身，抢先开口说："幸亏是圆珠笔，否则就可能弄脏您的地毯了。您的地毯真干净，用的是什么品牌的吸尘器？"——就这样，轻而易举地将话题控制在自己手中！

这个控制话题的小技艺，其秘诀只有一个：用无伤大雅的小意外迫使对方停下，然后抢回话题主控权。掌握了这个秘诀，你也可以因时、因地设计出自己独特的话题控制方法。

第六章

正确处理各种异议，打消顾客疑虑

几乎每一个客户都会有或多或少的异议——除非客户压根儿就没有购买的意愿。所以，要做让客户满意的优秀推销员不是仅凭姣好的相貌和热情服务就可以做到的，更不是凭着口若悬河的夸夸其谈。推销员在引导并且帮助客户购买到满意产品的同时，还应让客户享受到愉悦的心理感受。这就要求推销员在推销过程中懂得灵活处理客户的异议，持续提升客户的满意度。也只有这样，才可以和客户共赢，和竞争对手拉开距离。

没必要逃避客户的异议

无论推销什么产品，对于推销员来说，都不是件容易的事。于是，很多推销员总是在即将露出曙光的时候轻言放弃，这是十分可惜的。

什么是客户异议？正式一点的表达是这样的：客户异议是指在客户对销售有关的各种因素及各种销售行为提出质疑或拒绝。通俗一点就是，客户对你的产品，你的语言有不同的看法，更通俗一点就是客户不想买你的账。

购买推销品是客户的一种反应，不购买推销品也是客户的另一种反应，无论客户的反应是否有利于成交，都是推销面谈的直接结果。

推销员应该欢迎客户推出各种购买异议，而不应该害怕。正因为如此，西方有些推销学家认为，只有客户说出"不"字时推销工作才正式开始。

在推销面谈的过程中，客户提出不同或相反的看法，这是正常的现象，而不是什么反常的现象。对客户异议进行科学的分析和研究，有利于推销员提高理论认识水平，从而正确对待和妥善处理各种客户异议，提高推销能力。

在推销工作中，推销员所面临的异议可以说多种多样，既有真实异议，也有虚假异议，以及产品异议等等，推销员必须善于观察和判断客户的言谈举止和动作表情，把握客户的心理状态，正确理解客户异议，及时有效处理客户异议。

如果客户在推销面谈过程中不停地看手表，这就是客户异议的一种形式，或者说明客户对推销品毫无兴趣，或者说明客户有其他事要办，如果推销员不能及时准确处理客户异议，就可能破坏推销面谈的气氛，甚至失去最后的成交机会。

那么产生客户异议的根源是什么呢？从推销理论上来说，无论客户提出什么异议，总有一定根源。推销员应该了解客户异议形成的主要原因，以便有效地处理这些异议，促成交易。从客户购买活动的心理过程来看，客户异议的根源可以从客户的认知、情感、意志、个性、能力等方面去考察。

客户异议的根源也可能在于推销人员和推销产品本身，推销员应该认真分析研究客户所提出的各种购买异议，慎重对待和妥善处理，及时向有关方面反馈客户的意见和建议，解决客户所提出的有关问题，不断改进推销工作，提高推销质量。

正因为从表面上看，客户异议不利于推销工作的进行，所以一部分推销员对此抱着消极的看法，认为这是客户在挑剔。

客户并非故意要为难你，而是客户必须通过异议这一过程对推销员和推销产品有更深入的了解，这样他们才可能更放心地购买商品，从这个角度来看，客户异议其实是推销的指南针。从现代推销学理论上讲，客户异议是成交的障碍，同时也是成交的基本前提。

准确把握和处理客户异议，往往能直接促进交易。大量的推销实践表明，客户异议常常是推销员应该注意的推销重点，无论是有利于成交的客户异议还是不利于成交的客户异议，推销员都应该认真分析和处理。

价格异议：把握"利益"是关键

价格异议就是客户认为推销商品的价格过高，不能接受。做销售的经常会碰到这样的客户：你向他推荐某款产品，他左看右看，也挺喜欢，可你说完价格，他直接没有购买欲望，可能还会说，你这个卖得太贵了，我还不如买个便宜的，能省下来不少钱呢！

其实，这都是人之常情，客户有省钱的心思是再正常不过的了！

面对这样的客户，难道我们就不做生意了？

当然不是，生意还是得做，只不过得学点技巧，让这些总想着省钱的客户心甘情愿地掏钱买下产品。

这里教给大家两种话术，让这些想省钱的顾客再也没法拒绝你。

在讲方法之前，我们得先问一个问题，为什么这些客户在面对你的推销时，会犹豫不决，只考虑省钱，而不是购买。

原因很简单，这说明他们对这个产品有一种预期。比如，一款手机，他觉得顶多两三千块钱就够用了，你的产品是六七千的高端手机，他肯定觉得划不来，不如买个便宜点的手机，省下来的钱还可以干别的。

所以，如果你想开口拿单，就必须抓住客户的这个心理。这里教给大家两种直接的说话方式，让客户明白，钱不是省出来的，激发他们的购买欲。

第一种直接的说话方式是突出价格高的价值。

举个简单的例子来说，客户问你，同样是卖茶叶的，为什么那边100块钱一两，你这里要200元一两。

这时，你就可以说，我们的茶叶品相、品牌你都看得到，而且你也可以尝尝味道，看跟别的便宜茶叶有什么区别。我们这样说的目的不是贬低别人的产品，而是突出自己产品的价值。

第二种直接的说话方式是突出客户的需求。

需求是客户最大的痛点，也是营销的根本。我们不一定非得创造需求。在营销的过程中，用直接的说法方式突出对方的需求也会很管用。

以上两种说话方式都比较实用，也能直截了当地告诉客户，钱不是省出来的。突出产品的价值能让客户觉得物有所值，而突出他的需求能让他买得心甘情愿。这两种方式都可以帮助你打消客户省钱的念头，让你尽快促成交易。

价格异议的处理的关键在于"利益"两个字。因此，在客户没有充分认同你能带给他的利益前，不要轻易地陷入讨价还价的阵地战中。把握住客户的价格异议处理过程，这是通往成交的必经之路。

服务异议：给顾客想要的答案

服务异议是指客户对推销员答应的服务承诺不信任，或对其所代表的企业售后服务不满意，而不愿与之成交。

服务包括成交前提供真实、可靠、及时的信息咨询，技术培训等；售中的包装、运输服务；售后提供技术指导，安装、维修及质量保证措施等服务。按现代的营销观念，服务本身就是产品的一部分，服务是有价的，即服务属于产品整体观念的第三层次——附加产品。服务的有价性，不只表现在推销结果上，而且表现在推销的过程之中。

对于这种服务异议，一定要清楚顾客的原因，不要因为服务是附加产品就不当回事，虽然不会影响顾客对产品本身质量的评价。

我们可以通过委婉的手法，将对方的异议主体从自身引向客观条件，最后牵引到客户身上，是一种借力打力的手法。使用此法一定要诚恳，最忌让客户认为你在狡辩。

从另一个观点来看，当问客户是对产品不满呢？还是对服务不满？客户告诉你是对服务不满。此时，你可得到一个信息是客户对你的产品还是满意的，因此，你能迅速测试出贵公司在客户心中的分量。服务是多方面的，但客户往往会归结到一起，服务异议会破坏对整体的评价。

一定要问清楚是哪里出了问题，例如：

推销员："王经理，你是否能让我知道，是什么原因让你对我们那么不满意？"

王经理："你们的服务太差！"

推销员："是服务太慢呢？还是服务人员态度不好？"

王经理："服务太慢了，全公司都在等你们服务员把机器修好！"

推销员："王经理，真抱歉！真的很抱歉！那段时间，由于人员离职，造成临时性服务人力不足，其他的公司也对我们提出严重的抗议，我们都不敢开发新的客户了，真是很抱歉！我们服务方面已经彻底地改善了，若是不能改善，我也不敢向客户推荐产品呀。"

众多异议里，服务异议虽然是最轻的，但若不重视，并养成习惯，就是在损失未来的市场。对此要及时地给予解释，就能轻松化解问题。

产品异议：给顾客承诺与信心

产品异议是指客户认为产品本身不能满足自己的需要而形成的一种反对意见。例如："我不喜欢这种颜色。""这个产品造型太古板。""新产品质量都不太稳定。"还有对产品的设计、功能、结构、样式、型号等等提出异议。产品异议表明客户对产品有一定的认识，但了解还不够，担心这种产品能否真正满足自己的需要。因此，虽然有比较充分的购买条件，就是不愿意购买。

为此，推销员一定要充分掌握产品知识，能够准确、详细地向客户介绍产品的使用价值及其利益，给顾客一种真诚和承诺，从而产生信任感，消除客户的异议。

商界流行这样一句话："行家易赚钱，专家易致富。"推销也是同样，要做行家、专家，这样客户才敢相信自己，否则就会给客户留下"华而不实"的印象，进而产生怀疑和排斥的心理，也就有了产品异议。

推销员必须拓展自己的知识领域，深入了解自己的产品，了解客户的需求，了解行业的发展状况，做一个有文化、让客户值得依赖的专业人士。这样可以提升客户的信任度。另一方面自身专业素养的不断提高，也将有助于自信心的进一步强化，形成良性循环。

而要彻底排除产品异议，专业的介绍是基础，但最好的方法是示范。"一次示范胜过一千句话。"在推销过程中，产品的许多功能和优点，是难以用语言来诠释的，如"乘坐舒适"——"舒适"的感觉该如何向客户描述？"质地优良"——"优良"一词该如何让客户心领神会？并且，客户还有"耳听为虚、眼见为实"的观念。如果推销员不能让客户理解并相信产品的"舒适"和"优良"，就无法打动客户。

俗话说得好："先尝后买，方知好歹。"不论你推销的是什么产品，只要你善于动手示范，通过具体的方式，把产品的性能、优点、特色展示出来，使客户对产品有一个直观的了解，就易于说服客户，促进产品的销售：

为了向客户说明"味道鲜美"，你可以让客户亲口"尝一尝"；为了向客户说明"音质优美"，你可以让客户亲耳听一听；为了向客户说明"式样美观"，你可以让客户亲眼看一看。在体验、感受之后，客户才能对产品有直观的了解。

美国一位汽车推销员为了向顾客说明"乘坐"是如何"舒适"，他站在三层楼上向汽车座椅摔鸡蛋：当人们看到鸡蛋没有被摔坏时，舒适的特性自然让人们深深体会到；日本的手表商人为了向澳大利亚人解释他们产品的质量是如何"优良"，就用直升机从天上扔手表，当手表从几百米的高空扔下来没有被摔坏时，优良的品质自然不言而喻。

一位推销员向客户推销一种新式牙刷时，把新旧牙刷展示给客户的同时拿出一个放大镜，然后说："用放大镜看看，您就会发现两种牙刷的不同。"他总结经验时说："我再也不用不厌其烦地向客户解释，为什么我的牙刷价格比别人高,客户轻易就接受了这种鉴别方法,因此我的销售额直线上升。"

几年来,通用电器公司一直在向一所学校推销他们用于教室黑板的照明设备,联系了无数次,费尽口舌,却毫无结果。一位推销员想出了一个主意。他抓住学校老师集中在大教室里开会的机会,拿了根细钢棍站到讲台上,两手各持钢棍的一端,说:"先生们,我只耽搁大家一分钟。你们看,我用力折这根钢棍,它就弯曲了。我松一松劲,它就弹回去了。但是,如果我用的力超过了钢棍的最大承受力,它就再也不会变直。孩子们的眼睛就像这钢棍,如果视力遭到的损害超过了眼睛所能承受的最大限度,视力就再也无法恢复,那么将来花多少钱都无法弥补。"结果,学校当场就决定,购买通用电器公司的照明设备。

眼见为实耳听为虚——或许这句老话可以解释为什么示范有那么大的说服力。总之,在你推销产品时,在碰到产品异议的情况下,尽量让客户能亲身体验产品的性能,不失时机地抓住客户的兴趣和关注点,从而激起客户购买的欲望。那么,你的销售业绩将会大幅上升.

货源异议:做正确的解释

货源异议是指客户认为不应该向有关公司的推销员购买产品的一种反对意见。例如:"我用的是某某公司的产品""我们有固定的进货渠道"等等。

导致这一异议的原因是客户拒绝改变。由于推销对象是个独立的能动的主体,他有自己的见解和情感,这些见解和情感认识往往带有片面性且又难以用讲解、说服的办法加以消除。客户对某些产品抱有成见、嗜好、习惯及对某一名牌、品种、广告等的心理信仰,造成对某一产品"情有独钟",其他的同类产品很难越"雷池一步"。

客户提出货源异议,表明客户愿意购买产品,只是不愿向眼下这位推销员及其所代表的公司购买。当然,有些客户是利用货源异议来与推销员讨价还价，甚至利用货源异议来拒绝推销员的接近。因此，推销员应认真分析货源异议的真正原因，利用恰当的方法来处理货源异议。

这里有一个要避免的错误就是，不要因为货源异议而诽谤竞争对手。

毁谤竞争对手会适得其反。有些推销员当着客户的面公开毁谤贬低竞争对手的商品，企图以此来推销公司的产品，其心情和动机实不难理解——想取得客户的信任，并踢开竞争者以争取客户。其实客户听他贬低竞争对手的一席话时虽然不当场反驳，而且嘴里也会"嗯、嗯"地随声附加几句，但心里却很反感，觉得你这个人不诚实，自然就不想与你打交道了。

和客户打交道经常会遇到对方有意无意贬低本公司产品而赞扬竞争对手产品的情况，在这种情形下，有的推销员就不提竞争对手的产品，却拼命地为本公司的产品辩护。当客户不"买账"时，则很恼火的大肆诽谤竞争对手的产品，这样一来不但伤了对方的感情，最终双方还可能会大吵一架。请问，到了这个地步客户会买你的产品吗？

当本公司的产品被贬低时当然要进行辩解，但是辩解的方法很重要。因为客户一定会认为自己的褒贬是正确的，所以你不要硬生生地把对方给驳回去。首先应肯定他的意见说一声："是啊！"这样一来对方感到心里很舒服，有了"共同语言"后，你所说的他也就能听得进去了，于是即可因势利导趁机"反扑"直至反败为胜。

反击时应以本公司产品的长处和竞争对手产品的短处巧妙地进行比较，以自己的长处为武器，因为没有直截了当地贬低对手的产品，所以也不会伤害客户的感情，对方也就会直率地与你面谈，随着谈话气氛的融洽，对方的偏见就会逐渐消失，会以公正的态度对待你公司的产品。

不贬低毁谤同业的产品是推销员牢记的信条之一。把别人的产品说得一无是处是绝不会给你自己的产品增加一点好处的。

面对货源异议，要想改变客户的态度，不仅要勇于强调自身产品的好处，也要敢于和强敌竞争，以正确的方法做良性竞争。

自我异议：先肯定，再说服

自我异议包括需求异议、权力异议和财力异议。

需求异议是指客户认为不需要产品而形成的一种反对意见。它往往是在推销员向客户介绍产品之后，客户当面拒绝的反应，或者对推销活动的彻底否定，即不要商品，那么价格、质量也就无从说起。

例如，一位女客户提出："我的面部皮肤很好，就像小孩一样，不需要用护肤品。""我们根本不需要它。""这种产品我们用不上。""我们已经有了"等等。这类异议有真有假。真实的需求异议是成交的直接障碍。

推销员如果发现客户真的不需要产品，那就应该立即停止推销。虚假的需求异议既可表现为客户拒绝的一种借口，也可表现为客户没有认识或不能认识自己的需求。推销员应认真判断客户需求异议的真伪性，对虚假需求异议的客户，设法让他觉得推销产品提供的利益和服务，符合客户的需求，使之动心，再进行推销。

权力异议是指客户以缺乏购买决策权为理由而提出的一种反对意见。例如，客户说："做不了主"，"领导不在"等等。与需求异议和财力异议一样，权力异议也有真实或虚假之分。推销员在进行寻找目标客户时，就已经对客户的购买人格和决策权力状况进行过认真的分析，已经找准了决策人。

面对没有购买权力的客户极力推销商品是推销工作的严重失误，是无效推销。在决策人以无权作借口拒绝推销员及其产品时，放弃推销更是推销工作的失误，是无力推销。推销员必须根据自己掌握的有关情况对权力异议进行认真分析和妥善处理。

财力异议是指客户以无钱购买为由提出的一种异议。这也是谢绝推销的借口，要特别注意弄清虚实，摸清是真话还是托词，区别对待，以促成销售。财力异议是指客户认为缺乏货币支付能力的异议。例如，"产品不错，可惜无钱购买。", "近来资金周转困难,不能进货了"等等。

真实的财力异议处置较为复杂,推销员可根据具体情况,或协助对方解决支付能力问题,如答应赊销、延期付款等。对于作为借口的异议,推销员应该在了解真实原因后再作处理。

若客户是推托之辞时,你可用下列方式,继续推销。

例1:推销员:"就是没钱,所以你更需要保险,万一发生不幸变故,有钱人是有能力应变的,没钱的人就必须要靠保险这种制度,帮助你渡过难关。"

推销员:"张老板,就是因为没钱,所以您更需要销售这项能帮你赚钱的产品。"

以上是用太极法处理财力异议。

例2:推销员:"陈老板,你说没钱,真是会开玩笑!您若是没钱的话河里都没沙了!"

推销员:"像陈老板这种地位的人说没钱,那我们早就没饭吃了!"

推销员:"您不用担心钱的问题,我们有各种付款的方式,配合您的经济状况,绝对让您付得非常轻松、没有压力,若是您选择了我们的产品,您将能得到这些利益……"

上面的例子,都是处理客户提出的财力异议时可考虑采用的,目的是软化客户的拒绝心态,而能暂时地化解客户的这项异议,进而能将你的推销导入正常的推销程序中,如果客户认同产品带给他的利益,这项财力异议,自然不再成为托词或借口。

对于自我异议,我们都要先肯定客户的说法,然后再试图说服他回心转意。虽然大概率是对方的借口,但我们不能直接说穿,不然只会演变成互不信任的僵局。不要松懈了你的推销意志,让客户了解你带给他的价值,找出客户能负担的底线,再决定你的推销方法。

测试：你是否很具有说服力

你有没有说服别人的能力？如果你还不了解自己的话，就和我们一起做下面这个小测试吧！根据你的实际情况，选择"从来不""偶尔""经常"或"总是"。

1. 在说服他人时你是否经常使用第二人称（你，你的，你们）而避免使用第一人称（诸如：我，我的，我们）？

2. 你是否能避免使用那种陈词滥调和缺乏热情的问候（诸如"我能为你做点什么吗？"）而代之以更有说服力的语言？

3. 你是否能避免使用一些陈旧的用语诸如"无法置信""令人敬畏""我们私下里讲""这是千真万确的"，或者"你理解我的意思吗"？

4. 你是否能避免价值判断的短语和句子，诸如"你应该""你必须"？

5. 你是否能避免使用那些没有意义的句子，诸如："你今天感觉如何？""你现在怎么样？"或者"天气真好啊。"

6. 你是否能避免冒着中断关系的可能来赢得一次无谓的争论？

7. 在做出答案之前你是否完全领会了对方的意思？

8. 你在说服别人时是否能避免过多谈论关于自己知道的事？

9. 当你在说服别人时，你是否能保持足够的耐心？

10. 你是否能避免对那些和蔼和热心的人谈得太多？

测试结果：

从来不：0分。

偶尔：1分。

经常：2分。

总是：3分。

分数在10分或者10分以下，说明你的说服力很低，基本上没有什么成效，那么你要彻底改变你和别人的交流方式了。

分数在 11 分—17 分，说明你的说服力一般，还需改进，要注意使用更有力和更富说服力的语言。

分数在 18 分—24 分，说明你做得不错，但还很有潜力，你需要更加努力注重这方面的培养。

分数在 25 分—30 分，说明你是一个非常具有说服力的人，你只需继续保持。

订单也是有力的说服工具

订单是推销员和客户之间的买卖契约，是买卖双方在信用的基础上达成的协议。有些推销员在进行推销活动时往往操之过急，迫不及待地拿出订单让客户填写盖章，结果总是事与愿违。而一些有经验的推销员则很懂得让订单来"说话"，在他们手里，订单不再是给推销员带来麻烦的东西，而是促进客户下决心购买产品的工具。

著名推销员布莱恩·崔西说过："在我从事推销活动中，我经常一开始就把订单放在客户面前，因为我觉得这样做的好处有助于销售。当我没有这样做的时候，我发现在商谈到最后阶段时，只要我一把订单拿出来，客户就会有退缩的倾向，'我再考虑一下'、'我还没有最后决定'等，这都是客户常用的推辞语句。

所以我一开始就把订单拿出来，更多时候，客户会问一些合约上的问题，于是我就会耐心为他解释，或者对他说明产品的优点，我会让客户了解，我说的一切都会列在订单里，这不但让客户觉得安心，而且订单也逐渐变成产品展示的一部分。所以到了最后签单时，客户就不会感到突然。后来，我试图将这个方法在推销员中推广，但总能听到一些反对意见。他们说这种做法有点像强迫客户购买，我并没有与之争辩，我只是对他们说如果使用这种方法，你的销售额起码可以增加四分之一！"

美国寿险推销大王坎多尔弗说："美国有四十多万人寿保险代理人，其保险项目与我的基本相同，然而，我不与他们竞争。你知道这是为什么吗？因为他们出售的是繁杂且陈旧的保险，而我向人们推销的是思路、概念和解决问题的方式，从我首次与保户接触至签订合同，我始终在推销思路。当然，在整个过程中，我终始把订单握在手里。可以说，正是这个'不经意'的举动，对我的成功起到了至关重要的作用。"

其实，一开始就将订单拿出来不是强迫推销，这是一种专业的销售手法，一种新的推销思路。任何事情都不能缺乏创新，推销也是一样，只有擅长推销者，才能有大的收获。

因此，想要拥有成功的人生，就要设法使自己成为一个聪明的推销员。大多数刚开始从事推销的人往往在展示商品之后，才对客户谈论买不买的问题，其实这样做是不明智的，从与客户一见面起，任何时刻都是签订单的最佳时机，而且时间愈早愈好。

推销员要随时掌握客户的心理状态或暗示，还在学习阶段时，比较难抓住这种时机。有时一个简单的动作，像身体往前倾等，都可能透露出"我想买"的信息。

当你见到、听到或感觉到这样的暗示时，就要立刻停止解说，尝试与客户完成交易。不要等待！这就是推销员想要的最佳时刻！

第七章
解决最后的交易问题

企业的生产一部分原因固然是方便消费者，对企业本身而言，最根本的却是为了企业的发展。而企业要发展一定离开的东西就是：钱。

资金可以说是企业的血液，资金周转的情况是财务状况的主要标志。如果资金都押在客户那里面，企业没有钱就买不来材料，请不来工人，甚至给汽车加不了油，企业的前途只有死路一条。

当然，钱也不是那么好收的。尤其是经济大环境不尽如人意时。推销员把商品交给了客户，客户就应该支付货款，但这并不代表你有100%的把握能够拿到钱。推销员要记住的是，只有把货款收回来，你的推销工作才算完成，否则你卖的商品越多，企业损失越大，你还算一个好推销员吗？

假设成交法的巧用

做销售的都知道"成交信号"这个词，就是你已经能明显地感觉到客户要买了，这就是成交信号。

有的信号出现后，客户就爽快地付钱，把东西买了。这当然最好了，不用废什么话就把买卖做成了。但也有例外，有时候，信号已经出现，客户却迟迟没有下一步行动，这时候就非常尴尬了。

你说他不想买吧，可已经出现了成交信号，对方购买意愿很强；你说他想买吧，他又没有下一步的动作。

碰到这种情况，我们应该怎么办呢？

今天我们就教给大家一个非常管用的方法——假设成交法，拒绝等待，立马开单。

这个方法很好理解，当成交信号已经出现，但客户迟迟没有下一步行动时，你就可以假设成交，而不是等着客户告诉你"我要买了"。

有两种方式可以帮你假设成交，让客户尽快买单。

第一种是提问法，也就是利用问题假设成交。

A 是某家电商场的销售，一位客户看上了店里的一款热水器。A 把这款热水器的卖点、参数、价格都详细地做了介绍，客户也表示出了极大的兴趣。而且，A 也已经明确感受到，成交信号已经出现。

在客户迟迟没有说付款签单的情况下，A 采用了假设成交的方式。

他是这么说的，先生，如果你要买的话，我们这 10 公里以内都是可以送货上门的，您家是在附近吧？

客户回答说，是的，坐地铁三站路。

A 接着说，那麻烦您把小区的名字告诉我，我记一下。

客户说了一个小区的名字。

A 说，好的，我记下来了。我们这边随时可以送货，您什么时候方便呢？

客户说，我周末一般都在家。

就这样，在 A 用假设成交的方式，做成了这笔买卖。

在提问前加上"如果""假如"这种话，就等于你已经默认成交了，此时客户如果有购买的意向，肯定也不会拒绝你的问题，这样不等于打破了僵局吗？

假设成交法的第二种方式是给客户提供选择。

客户看上了一双鞋子，但没有明确地说要买。这时，你就可以说，先生，我们这边现在有多种支付方式，您看您待会儿是付现金还是刷卡，或者手机支付都可以。

除了付款方式上的选择，我们也可以根据产品的型号、颜色、送货方式给客户提供选择。

比如卖大型产品的，你可以说，您是要我们送货上门还是自提。

表面上是给客户提供选择，实际上是利用这种说话方式提醒客户成交。这种说话方式既不招人讨厌，又能快速促单，非常管用。

以上就是假设成交法的两种说话方式。第一种是提问的方式，用如果、假如开头的话直接假设成交；第二种是提供选择的方式，用选择来提醒客户成交。相信大家学会这两种营销话术，就能做好假设成交，并实现真正的成交！

麻烦的赖账与催款

催款真是件头疼的事，不止推销员，财务和老板也会感到很头疼。商品卖出去了，材料发出去了，原来信誓旦旦说某月某日一定付款的客户变卦了，或者你拿着他开出的远期支票去兑付，却跳票了。一个电话不接，第二个电话不接，隔了许久，你终于拨通了电话，却告诉你："财务请假了，等财务回来就付。"怎么办？傻傻地等下去吗？

这是推销员的责任，推销员没有仔细做过客户调查，没有把客户看清楚。但是，下一个客户依然要求先交货后付款，付款的期限是一月，两月，三月，推销员提心吊胆地想：这生意是做呢，还是不做呢？如果不做，好吧当你发现所有客户都有赊销的要求时怎么办？

1. 老板的思考

如果公司打出一个招牌：小本经营，概不赊账。那还有什么问题，谁都没法欠钱，就不存在收款的问题嘛，好简单的。

是吗？但是问题还是有的，如果经营的是一家服装店、网吧、电影院，或许狠下一条心影响也不大，可如果是生产加工企业，全中国有多少客户会现款现货做生意的？他们的付款方式常常是月结。

当然，月结付款是一种正常的经营状况，只要客户有实力，有信誉就不怕他跑了。最多自己多垫点钱来周转。不过，不差钱的公司并不多，虽然每个老总在酒桌上都那么豪气冲天。

2. 推销员的思考

以前推销个牙膏牙刷的就算了，现钱现货，但是自从开始做起这种材料推销，十个老板有十个要赊账，还根本不敢说不赊。你说说月结30天算优惠了吧，可人家硬要月结90天，要是说期限太长，人家还告诉你有三家供货商都同意这样结款方式。这单子做不做？不做，有那么多工人等着业务养活，做，这个钱又实在太悬。怎么办？

3. 客户的思考

你们说我是客户，难道我就不是供应商了？你说我压你的款，月结90天是吧？可人家是送一批结一批，上批送过去，半年没有下文了。我问是质量问题吗，人家也没个表态。你难，我也难呀。如果你不在原料上支持我，我公司就得倒闭，这样对你有啥好处？大家都要同舟共济嘛。

从三方的心态看来，赊销还是难免的，我们常说，不能因噎废食，那么赊销还是要继续了。既然如此，那就只能在如何收款上有所作为了。

一个不想还钱的债务人永远都有理由，而且债务人的每一个理由都是预先编制好的，也许还经过实战检验过无数次，修正过无数次。对于这些听起来天衣无缝的理由，推销员往往感到无处下手，成了一件为难的事。

如果推销员非常清楚客户的结款程序，比如要不要发票的原件？传真件？要不要附证明？可否现金结款？由谁负责接收文件？报给谁？哪个人签批？谁核准？搞清付款日期是几号？等等。充分熟悉对方的结款程序。为此，推销员还要和对方公司的员工保持良好的关系，这样就会替你省下不少力气。

如果对方公司员工告诉你"张总并没有出差呀，他一直在公司上班。"那之前说张总不在就是一个借口，推销员必须加紧催收力度。如果对方员工说"公司最近特别乱，老板不在，辞职的人很多。"那这个公司肯定出问题了，这个时候如果不找到客户把货款收回，那些钱就很可能会打水漂。当然对方员工还会告诉你拖欠工资等状况，这说明对方的资金运作出了问题，可能一时确实有困难，但推销员也不能因此放松催款力度。如果客户的员工告诉你

"前几天公司做了一笔大业务，账上有钱了。"那还等什么？收款去吧。

杜绝拖欠，防患未然

　　统计资料表明：交货前防范可以防止70%的货款拖欠；从交货到合同约定货款支付日之间防范，可避免35%的货款变成呆坏账损失；拖欠发生后如果采取积极措施，约可挽回41%的呆坏账损失。由此可见，推销员如果采取措施对客户加以管理和控制，可以在很大程度上避免货款的拖欠。

　　要防止呆账坏账，首要就是正本清源，从根本上抓起。在赊销发生之前一定要谨慎，尽量从根源上杜绝呆账坏账的发生。因此，在赊销之前一定要对客户知根知底。这个工作应该在开发客户阶段就完成，为了降低风险，推销员有必要对客户的资信情况进行调查评估，主要了解客户的资信、业绩、财务状况、个人品性等。

　　推销员可以向银行打听、查询客户的"票信记录"，也可以向同行打听客户的交易信用是否良好，据此剔除信用情况特别差的客户。对客户的资信进行评估不但能回避一些信用不佳的客户，另一方面也便于为一些客户设定一个"信用限度"，推销员可以据此制定每位客户的收款方式，从而确保货款的安全。

　　除此之外，推销员答应赊销，应该有所根据。在合作之初，推销员应该在相关合同中明确规定货款结算方式和结款时间，如果业务往来较频繁，就要注明结款方式和时间，如果是一次性业务，则要将结款日期落实到某天，这样货款的回收工作就变得有据可依。

　　不管客户资信如何，推销员应该尽量做到现款现货，虽然很多客户对这种交易方式有意见，但这种方式可以从根本上杜绝货款风险，所以在可能的情况下，要想办法说服客户使用现款交易的方式。当然如果客户满意你的产品，而且你的产品也不愁销路，那就可以承诺一些付现的折扣。

无论如何，赊销都需要谨慎，推销员应该时刻保持"提高警惕，处处设防"的观念，这也是应对货款风险最有效的途径。

如果对于客户的了解还不够深，但合作又必须进行下去，那么推销员应该控制发货数量，根据客户的信用评级而采取针对性的发货方式。对于新客户和没有把握的老客户，发货量和交易金额都不宜过大。根据客户的交易记录和付款情况，来决定发货的最高额度，当客户超额购货时，要求对方提供担保。

前面说过，客户的理由有很多，因此总有一些套路可循，在这里整理出一个表格，将常见的借口和应对措施一一说明。

常见的借口及应对措施：

借口	分析	措施
电脑故障无法打印支票	常见于大客户	向对方财务部询问是否真有其事
		问对方是否已找人修理，大约什么时间修好
	电脑出问题会波及企业的各个领域	问对方电脑修好后需要那些凭证，免得又有别的借口
		与对方约好下一次收款时间
太忙或没收到对账单	借口	及时对账，把对账单亲自交给客户。如果传真件要在传真件上写明共几页，避免另一个借口"只收到一张"
支票已经寄出去了	常见借口	请对方寄出支票头或复印件，并核对无误
		联系开户行是否有支票收到
		查看对方是否是空头支票
只能根据发票付款	突然如此要求即是借口	首先声明"提供原件很困难"，诱使对方说出"见原件付款"，然后询问还有什么手续，避免另一借口，马上送去原件要求对方兑现诺言
手头紧	是否有前兆	向其他供应商和员工了解
		真是手头紧则要搞清楚是周转还是经营问题
		一时周转不灵可以放宽期限
		信誉不佳或面临危机要加紧收款
		要求客户写下分期还款计划

续表

借口	分析	措施
产品和服务出了问题	质量和服务是退不退货的问题，不是付不付款的问题	确认是否真是自己产品有问题 质问对方为什么到收款期才提出来，而不是当时就解决问题
一个月后有一大笔进账	拖延战术	加紧催收
公司还没批下来	公司越小越是这个借口	搞清付款程序 向其他员工了解到底卡在哪一环 是借口当面揭穿
公司在90天内付清	信誉度较高的客户，有自己的付款周期	尽可能与关键人物搞好关系，在对方付款计划中挤上头班车

几种实用讨价还价技巧

推销员和客户天生是一对矛盾的共生体，两者既是矛盾的，又紧紧地联系在一起。两者的矛盾最明显的体现就是价格，客户总希望买价低一点，推销员总是希望卖价高一点。讨价还价是客户的低价追求与推销员高价追求的矛盾斗争过程，面对客户不合理的价格要求，推销员要勇于说"不"，但要注意拒绝的方式，做到既不损害公司利益，也让客户下得来台，最好还能促成交易。

下面再介绍一些讨价还价的技巧，相信会对你有所帮助。

1. 高低并举

顾客购买产品一般都会采取货比三家的方式。这时候推销员就要用自己产品的优势与同行的产品相比较，突出自己产品在设计、性能、声誉、服务等方面的优势。也就是用转移法化解顾客的价格异议。

常言道:"不怕不识货,就怕货比货。"由于价格在"明处",顾客一目了然;而优势在"暗处",不易被顾客识别,而不同生产厂家在同类产品价格上的差异往往与其某种"优势"有关,因此,推销员要把顾客的视线转移到产品的"优势"上。这就需要推销员不仅要熟悉自己的产品,也要对市面上竞争对手的产品有所了解。这样才能做到心中有数,知己知彼、百战不殆。

另外,推销员在运用比较法的时候,要站在公正、客观的立场上,一定不能恶意诋毁竞争对手。通过贬低对方来抬高自己的方式只会让顾客产生反感,结果也会令推销员失去更多的销售机会。

2. 化整为零

如果推销员把产品的价格按产品的使用时间或计量单位化至最小,可以隐蔽价格的昂贵性,这实际上是把价格化整为零。这种方法的突出特点是细分之后并没有改变顾客的实际支出,但可以使顾客产生"所买不贵"的感觉。

一位推销员向一位老年女性推荐保健品,女士问他多少钱,这位推销员不假思索脱口而出:"450元一盒,三盒一个疗程。"话音未落,人已离开。试想,对于一个退休女士来说,400多元一疗程的保健品怎么可能不把她吓跑呢?没过几天,小区又来了另一位推销员,他这样告诉那位女士:"您每天只需要为您的健康投资15元钱。"听他这么一说,女士就很感兴趣了。产品价格并没有改变,但为什么会有截然不同的效果呢?原因是他们的报价方式有别。前者是按一个月的用量报的,这样报价容易使人感觉价格比较高;而后一位推销员是按平均每天的费用来算的,这位女士自然就容易接受了。

由此可见,价格因素在销售过程中的重要性。虽说价格不是决定销售的唯一因素,但是推销员掌握好和顾客谈价格的技巧,就能在销售过程中尽量避免因为价格问题产生的失误,使销售业绩再上一个新台阶。

3. 成本谈价

推销员可以把客户特别满意的产品与其他不同档次的产品进行比较,然后让客户在多种产品之间进行选择。在比较的过程中,推销员可以针对客户的实际需求给他们提出合理化建议。

客户："各方面条件都不错，只是价格太高了……"

推销员："如果您觉得这一款价格较高的话，可以看看另外一款……"

客户："这一款不如刚才那款漂亮，性能也不太好……"

推销员："是啊，虽然这一款价格比较低，可是各方面的条件都不如刚才那款更符合您的需求。我刚才向您介绍的那款性能优良、外形设计精美，而且做工也非常好，您用它可以……"

推销员也可以把本企业的产品与其他价格较高的产品进行比较，从而使客户更容易接受你提出的价格。

"您也看到了，我们的产品价格是市场上最低的，这是因为我们公司直接从厂家以最低价拿货，而且有自己的物流公司，所以成本要比其他商家都低……"

4. 折中定价

和客户讨价还价要分阶段一步一步进行，不能一下子降得太多。

客户说："价格太贵，没有必要再谈下去了。"

这时你千万不要上当，不要一下子把价格压得太低。你可显示很棘手的样子，说："先生，你可真厉害呀！"故意花上几十秒钟时间苦思冥想一番之后，咬牙作出决定："实在没办法，那就……"比原来的报价稍微低一点，切忌降得太猛了。

对方仍不罢休，你可要稳住阵脚，并装作郑重其事、很严肃的样子宣布："再降无论如何也不成了。"

在这种情况下，客户将错觉为这是最低限度，有可能就此达成协议。

5. 利用情感

推销员报价时，保留价格尾数，采用零头标价，如报价为9.98元，而不是10元，使价格保留在较低一级档次。这样，一方面给人以便宜感，另一方面又因其标价精确给人以信赖感。

奇数报价可以满足顾客求实消费的心理，使之感到物美价廉。

讨价还价，切莫杀死价格

推销员与客户讨价还价不是耍小聪明，也不是占小便宜。推销员讨价还价更不是用甜言蜜语麻痹对方，以便暗中捅对方一刀子。

推销员与客户之间的最终成交价，应是理想的双赢结果。如果推销员一时以过高的价格获得了客户的订单，目前的利益是得到了惬意的满足；但"纸包不住火"，客户事后总会有知道真相的一天，那时你损失的不仅仅是一位老顾客。

这种"江湖小贩"式的伎俩，是一个专业推销员所不屑的。反之，如果推销员一时成交心切，以一个较低的价位推销了商品，最终连自己的佣金也赔进去，也不是一个专业推销员所做的事。

虽然推销员开展销售沟通的直接目的是以自己满意的价格销售出更多的产品或服务，但是如果只专注于自身的销售目标而不考虑客户的需求和接受程度，那这种销售沟通注定要以失败告终。所以推销员必须要在每一次销售沟通之前针对自己和客户的利益得失进行充分考虑，不仅要考虑自己的最大利益，也要考虑客户的实际需求和购物心理。

通常客户都希望以更低的价格获得更好的产品或服务，而推销员则希望自己提供的产品或服务能够获得更大的利润。在此，推销员应该知道，自己和客户之间既存在着相互需求的关系，又存在一定的矛盾。如果你能把握客户特别关注的需求，而在一些自己可以接受的其他问题上进行让步，那就会使双方的矛盾得到有效解决。

"您提出的产品价格我已经和公司商量过了，最终我们提出的建议是，如果您的购货量达到10箱的话，我们才能以这样的价格成交，当然，我们需要先拿到一半预付款。"

"您要这批货有急用是吗？那您看这样好不好，产品不像以前那样采用精包装，这样可以节省装货时间。至于产品的质量您绝对不用担心……"

总之，推销员在价格上不要欺骗自己的客户，不也不委屈自己。

推销员与客户在讨价还价时，由于各自的心理素质、生理条件、所处的环境以及彼此息息相关的利益的影响，难免会产生对立情绪。要做成交易，只能求同存异，双方各做一定程度的妥协与折中。

推销员如何把握这种妥协与折中，从而使最终的成交价不低于自己的心理价位又能让客户接受？这时，交易策略便很重要了。

交易策略首先要求推销员在最初推销阶段竭力推销自己，将商品和公司形象深植在客户心中，使客户心理上的排斥感大大降低。此外，推销员必须仔细判断客户对商品价格的承受能力以及市场上的商品走向，同时讲价过程中客户的好恶脾气、表情的变化都是推销员应密切关注以便随时调整策略。只有这样，才可能形成有利的折中方案。

交易一旦进入折中阶段，推销员一定要取信于客户，尽力消除客户的疑虑不安。即要对客户内心的变化和商品提前研究，并及时调整步调，这样有利于洽谈的成功。反之，假如推销员的心态被客户洞察，受到客户的控制，即使取得订单，也不能称为成功，因为你已失去很大的一笔收入。

正解看待收款问题

一些推销员在催款中表现出某种程度的怯弱，催款就像找对方施舍一样，感觉比客户矮半截，怎么也直不起腰来。还有的推销员认为催款太紧会使对方不愉快，影响以后的交易。客户常常会拿一些话"将"你，比如："怎么，怕我还不起款呀，那就不要做生意呀"，"你这人太不够意思，才这么点钱就着急上火的，没法交往"，客户是这么说，如果你也这样认为，那就不但永远收不到货款，而且也保不住以后的交易。

须知在商场上，客户所欠货款越多，支付越困难，如果向你下订单，又怕会遭到催款而惹来"麻烦",所以他们很容易转向第三方购买。这样,你就不能稳住这一客户,所以还是加紧催收才是上策,考虑太多反而是不利的。

回款是一项不可回避、富有挑战性的工作,而且催款是理所当然的事。面对蛮横的客户,不要显示出懦弱,因为道理在你这边,他的蛮横不过是心虚的一种表现。当然,面对叫穷的客户,也不要碍于情面感到不忍心。因为,首先你根本无法了解他的财务状况究竟如何,就算真如客户所言,他的财务状况非常的糟,那就更应该抢先收回这笔货款,以免形成呆账了。

赊销是信用交易,这种交易在生意场上十分流行,它是我们对客户偿兑能力的信任,也是客户对我们的承诺,是事先约定的。因此,钱是我们的钱,客户不过是暂借而已,越能及时提醒客户就越能早收回货款,客户从来都不会因被提醒付款而不满。

再则,客户尊重做事专业而且严谨的推销员,在账款问题上的妥协不可能换来同情,也不可能换来客户对你的尊重。对待回款和收款工作,推销员应该采取积极的心态,债务发生了,立即要账,对不爽快付款的客户要立即考虑中断关系。

推销员应该如何看待赊欠的问题呢。

首先,既然赊账是一种常态,那么收账也必然是一种常态。人家敢赊账,我就能收款。而且必须知道,整天缠着客户固然不足取,但放得过松却有可能永远收不回货款。

推销员在催款的过程中,应该注意调整自己的心态,要有打大仗,硬仗和持久仗的准备因此推销员应该具有"四心"。

1. 决心

坚忍的意志是一种内在的心理素质和精神状态。催款人员要想达到追回欠款的目的,在行动以前必须具备必胜的信心和遇到困难时能够坚持到底的决心,假如自己没有这种先期的深刻认识,成功将会是非常困难的事情。所以,催款人员要首先培养自己坚忍的意志。在意识到行动的正确性的重要性之后,不因有所失败而气馁，也不因有所成功而骄傲。自始至终不为胜败所左右。

2. 信心

信心是人们取得最终胜利的保障，是一种内在的精神动力。项羽"破釜沉舟"就是为了坚定士兵必胜的信心，打消他们撤退的后路，从而为最后的战斗胜利奠定了坚实的基础。催款人员也面临着同样的问题，假如自己都不相信能够最终要回欠款，没有信心说服债务人，那怎么能要回货款呢。

3. 恒心

以愚公移山的精神催款，不仅要求催款人员具备坚忍的意志，还表现在具体行动的过程中，要始终如一保证催款过程的缜密，直到债款追回为止。

合理要账，有效催款

债务在企业经营过程中经常发生，某种程度上说，催款也成了一种常态。做过推销员的人都知道，货款未必都是好收的，实在无计可施的情况下，有的推销员就放弃了，让企业白白背上一笔损失。但是，要知道只要客户还在生意场上"存活"，那么欠账就有可能收回来，关键还是需要一些方法。

1. 催款要找到决策者

催款时经常会遇到互相推托的情况，在企业中资金流向往往是商业交往中比较敏感的话题，资金周转实力更是一个秘密，所以在催款时要找准关键人。向做不了主的人提催款，结款要求只能是徒劳无益。在催款过程中，面对欠债方，催款时要找能够拍板还钱的人作为讨债目标。找到拍板者后要集中火力，不要被期拖延和敷衍的手段所迷惑，而贻误战机。找准了拍板者，顺利的催款就成功了一半。那么找到决策者催款需要注意什么呢？

最主要的是弄清楚谁才是真正的决策者，因为在一家企业里面可以说得上话的人很多，但说话算话的人却寥寥数人。根据金额大小，有的时候一个部门经理就可以拍板，而有时则必须经过总经理或董事长。

面对这种情况，推销员不可以越级办理，如果部门经理能拍板则直接找到部门经理，越级的后果是即使钱要回来，双方的合作也面临很大的障碍。如果能将欠款催回来，而又不影响到双方的合作关系，何乐而不为呢？所以，我们在讨债时，确定讨债的目标是非常重要的，只有找准了决策者，才能避免因目标不清而得不到应有的功效。

另外，任何人都有自己的社会背景、性格和长期特定的活动规律。我们在催款时要仔细，详尽地分析催款目标的诸方面因素，集中力量加以突破。比如，有些老板喜欢事必躬亲，几乎大多数时间都能看到他在公司活动的身影，而有些老板属于"垂拱而治"型，要找到这种老板，就必须向其公司员工摸清他的工作规律，抓住机会，抓紧时间进行催款。

在催款时，只要推销员把握灵活与坚持的原则，具体情况具体分析，加以决不放弃的毅力，一定能够顺利收回所有欠款。

2. 催款要死缠烂打

首先，推销员要保持清醒的头脑和敏锐的判断力，在洞察对方的伎俩后要及时揭穿，对更换的工作人员不予理睬，以挫其锐气。无论是赖账还是讨账，双方比的都是一个坚持，谁坚持到最后就是胜利者。

4. 必要时可以付诸法律

催款本身就是一种民事法律行为，可以说，没有法律知识根本无法实施催款行为。法律知识应该是推销员必备的基础知识，虽然说催款是合法的，是受到法律的保护的，但是法律对催款的保护不是无条件的、绝对的，而是有条件限制的。只有具有法律知识的催款人才能时时将自己的行为置于法律的保护伞下，有理有据地同债务人进行交涉，直到债务人同意迅速履行债务为止。

缔约的重要性

缔约与签约的意义不同，缔约是指推销过程中，推销员要求客户签约以及客户的反应。不管客户应承还是拒绝，都意味着推销员的推销过程已取得初步成果，可以做一个初步的了结，这种意向的过程被称为缔约。

缔约是推销员测量客户内心想法的最直接有效的武器，通过缔约，推销员能够了解客户目前心中的想法；可以发现客户目前还有哪些不愿购买的异议；发现客户真正关心的结点。

另外，缔约依使用的场合与目的，通常分为三种。

1. 最终缔约

最终缔约是指推销员最后要求成交的过程，也是推销员最紧张的时刻。就推销员而言，他所有的努力，将在此刻揭晓。就客户而言，他必须要下决心，做决定，必须克服心理上的摇摆不定，给对方明确承诺或回绝。

2. 中途缔约

中途缔约能让推销员逐步展开推销，把推销的工作推向最终的缔约。

3. 试探缔约

推销员：如果您能早一天安装就能早一天提高生产量，现在开信用证，正好可以赶到月底的船期进口，否则船期要下月底才有，您是否现在就同意安装，我们立刻通知银行开信用证进口？

推销员：陈经理，您刚才已看过操作示范了，我们的价格相对也非常合理，明天是否就开始给你送货？

上面两个是试探缔约的例子，推销员假设推销至这个阶段，客户应该已愿意购买，而用试探的方式企图缔约。

只要你认为时机成熟，你就可采用试探缔约，因为试探缔约若是不成功，客户必然会说出目前仍不能同意的理由（异议）。此时，你可使用推销学中的异议处理技巧，进一步解除隐藏在客户内心的异议，使你的推销往前跨一步。

如果要想发射一颗人造卫星上太空，一定要等到适当的时机才行——因为要配合地球的自转状态。专家称之为"发射窗口"，在某个特定的短暂时刻它才会打开。

想要客户签下合约，也得怀着类似的待命心理。

优秀的推销员在进入商谈阶段时，一定是带着坚定的自信，全力以赴的，一定要拿到订单，除此没有别的路。

最终缔约、中途缔约、试探缔约有哪些准则呢？最好遵守三个准则。

1. 经常缔约：经常缔约能让你显得更犀利、更有效率、更能引导推销的方向及进展。

2. 对每一个推销重点要做缔约的征询：当你说完每个重点后，要做缔约的征询，以确认是否是客户的特殊利益。

3. 重大异议处理完后即缔约：化解了客户提出的重大异议后，你即可进行缔约。因为相对于其他的异议，它们显得已不重要，客户提出时，也不会过于坚持，或者你也可做相对的小让步，将无损于完成推销的目标。

成交关头多留意

推销员在商谈交易时，先要充分、敏锐地把握顾客情绪的动态、时机，并一气呵成地力促顾客尽快作出购买决断，若要避免错失最佳时机，推销员必须切记以下交易规律。

1. 绝不惊慌失措

这种情况最易发生在交易成功前的一刻。若一下子表现出惊慌失措的样子，就会使顾客心中生疑，从而失去顾客对你的信赖，随之也就失去了顾客。

在交易即将谈成的关键时刻，就应言语谨慎，绝不要任意开口，而要将精神集中在一点，以免言多有失，造成节外生枝。所以切记多言无益。

眼看大功告成，自己的一番努力即将结出硕果，谁都会因此兴奋不已，此乃人之常情，不可避免。但作为推销员却不能随心所欲，即在交易即将成功时，要善于隐藏自己内心的喜悦，要有自制，想一些办法来掩饰自己由于兴奋而显得紧张的表情和动作。

有许多从事推销工作的新手，偶尔会抑制不住自己的心情，将喜悦或是由兴奋而产生的紧张溢于言表，如果不幸被顾客感觉，则会使他对已决定的交易产生新的疑虑，重新犹豫起来甚至做出反悔，这岂不是"自找苦吃"。

2. 不妄加议论

当你的推销完全进入有关交易的商谈阶段之后，顾客可能会接连发表自己的意见。其中有些顾客的言辞有可能冒犯了你，但不管怎样，决不要轻易表态，妄加议论。

因为，无论推销员的理由如何充足，在这时发表意见都不会有任何益处，贸然对答，唯一的可能就是毁掉将要成功的交易。

3. 谈论交易条件时无须怯懦

既然已到了达成交易的最后阶段，这时已不再是对价钱是否打折而反复交涉的时候了。纵使顾客有此要求也无须理会。因为到了这时，顾客心里的打算是能赚一分就赚一分，不能便宜也无所谓了。谈判交易条件时，只有采取毅然决然的态度，才能既维护自身利益，又能维持顾客对你的信任。相反轻易让利则会使顾客产生疑问或动摇对你原先的信任，这样对交易就极为不利了。

4. 不做否定性的发言

在这个阶段，推销员应尽力避免打断顾客的发言，即使是需要否定之事，也需用避免刺激顾客。

总之，越是在紧要关头越是要谨慎从事。千万不要以为大功告成，而掉以轻心，前功尽弃，这岂不亏大乎！但是，如果你在成交关头，牢记此条妙计，并善加使用，定能大获全胜。

最后赠送一张感谢卡

和客户达成交易时，表现出你的感谢是非常重要的，但专业的推销员通常不是在达成销售时说声"谢谢你"就算了，事实上他们在完成交易后一天或两天的时间内，还会再度表示谢意，这种方式会让客户印象深刻且颇具意义，再度表示谢意的方式，最好是寄给客户一张感谢卡。

另外，当我们从别人那里得到利益，比如得到市场信息、订单确认、支票，或签订完合约时，我们都应给客户寄一张感谢卡，以表示心中的感谢。这种看似传统的方法，其实也能以非常个人化的方式，表现公司和你对于这笔生意的看重与感谢。

乔·吉拉德之所以成为世界上最伟大的推销员，而且历年荣获汽车销售领域里的冠军宝座，一定有他与别人不一样的地方。有人问乔·吉拉德成功的秘诀是什么。他说："有一个想法是我有而许多推销员所没有的，那就是认为'真正的推销工作开始于把商品推销出去之后，而不是在此之前'。"

推销成功之后，乔·吉拉德立即将与客户有关的一切信息，全部都记进卡片里面。第二天，他会给买过车子的客户寄出一张感谢卡。很多推销员并没有如此做，所以乔·吉拉德特意对客户寄出感谢卡，客户对感谢卡感到十分新奇，以至对乔·吉拉德印象特别深刻。

乔·吉拉德说："客户是我的衣食父母，我每年都要发出13000张明信片，表示我对他们最真切的感谢。"

乔·吉拉德的客户每个月都会收到一封来信，这些信都是装在一个朴素的信封里，但信封的颜色和大小每次都不同，每次都是乔·吉拉德都精心设计的。乔·吉拉德说："不要让信看起来像邮寄的宣传品，那是人们连拆都不会拆就扔进纸篓里去的。"

客户一拆开乔·吉拉德写来的信，马上就可以看到这样一排醒目的字眼："您是最棒的，我相信您！""谢谢您对我的支持，是您成就了我的生命！"一月发出"乔·吉拉德祝贺您新年好"的贺卡，在二月里给客户发出"在乔治·华盛顿诞辰之际祝您幸福"的贺信，三月发出的则是"祝圣帕特里克节愉快"的贺卡……乔·吉拉德每个月都会为客户发出一封相关的贺卡。

第七章 解决最后的交易问题

乔·吉拉德拥有每一个从他手中买过车的客户的详细档案。当客户生日那天，会收到这样的贺卡："亲爱的比尔，生日快乐！"假如是客户的夫人生日，同样也会收到乔·吉拉德的贺卡："比尔夫人，祝您生日快乐。"乔·吉拉德正是靠这种方法保持和客户的不断联系。

从现在起，请确认每完成一笔订单后，你都要立刻寄上一张感谢函。不用说你也知道，除了客户买东西后要跟他们说声谢谢之外，在很多时候我们也必须适度地表达谢意。例如：当别人给你一个有用的信息时，当客户的抱怨已经被解决时，等等。

要知道，不管你感谢任何人所做的任何事，都会让客户的自我肯定度上升，你会让他觉得自己更有价值也更重要。同时，你自己也会得到好处，每次你向客户表达感谢时，你的自我肯定度也会随之提升，你会觉得更加快乐、更自信，会觉得做事更有效率和效果，你对自己的命运更有把握。

总之，一定要养成随时随地感谢他人的习惯，对客户的一定要真诚。

第八章
最后的最后也不放弃

第八篇

預防醫學與衞生學

在最后，交易若顺利达成了当然最好，被拒绝虽然残酷，但也不是白忙了一场。当接到被拒绝的讯息，最后的"额外"任务开始了。这个任务是争取再一次向客户推销，不管他拒绝了你几次，因为他依然是潜在客户；也可能是寻找新客户，但这需要建立沟通的桥梁。忘掉失败吧，去争取应得的收获！

销售伴随着被拒绝

很多新入行的销售员都会认为推销工作轻松无比。特别是当他们上了令人激动的推销课后，或者听老推销员的经验讲解后，以为会马上成功。当自己敲开一家家客户的门时，客户都会热情欢迎，笑脸相迎，介绍一番后就会有人爽快地签下订单，并且充满感谢地说："啊，你来得正好，我们太需要你们的商品了。"

可惜，这只是美好的幻想。现实没有这样美好，推销不是非常轻松、非常快乐的职业。很多推销员，他们顶着酷暑寒风东奔西跑，敲开一家家大门的时，迎来的不是白眼就是无情地拒绝。即便是街头面对面推销，销售员也会遭遇同样的情景。

自己满怀热情地向客户推荐新产品或者物美价廉的产品，但是客户总是不买账，也许不等自己说完就连连摆手。如果是进行电话推销，刚一开口说明来意，就听到对方"啪"地一声放下电话，连声"我不需要"都不说。很明显，拒绝你没道理！

经过几次碰壁后，新手销售员难免疑惑不解，客户为什么不给自己留一点面子呢？

如果我们站在客户的角度思考，可能就会明白客户为什么会拒绝我们。一般来说，客户拒绝通常是因为以下几种原因：

1. 讨厌陌生人无端打扰自己的时间

如果你正埋头忙于繁忙的工作中时，突然有一个陌生的电话响起，你不接还以为会错过新客户，如果接了却是推销一些和你丝毫不相干的产品的电话，你会怎样？肯定会马上挂掉，不需要什么解释。

如果是这种情况，推销员就要想一下是否是自己推销的时间不对，对方没有时间也没有心情去听。

2. 产品不符合他们的需求

另外一种情况是对方有充裕的时间，可是推销的产品不符合他们的需求，他们也会毫不犹豫地拒绝。

3. 根本就没有需求

客户根本就没有这方面的需求，遭到拒绝是自然的事。

还有一种情况是对方对厂家或者推销员没有什么好感，也不希望通过这种方式购买产品，因此，尽管他需要产品但还是会马上拒绝。

一般来说，陌生的电话拜访无端打乱了人们的生活空间，因此人们都会有一种排斥的心理。而面对面地拜访呢？一般来说，面对面拜访客户拒绝有以下几种：

（1）抗拒改变

有些人明知道接受这种产品会给自己的生活带来一定的益处，可是他们担心改变。人们天生是拒绝改变的，他们担心自己接受新事物会不适应、不习惯，因此为自己增添一些不必要的心理负担。这种情况下他们会拒绝。

（2）没有需求

如果对方确实没有这方面的需求，当然会拒绝。

（3）对销售员或者他们公司没有好感

如果销售员形象上得不到人们的认可，或者公司声誉不佳，人们抱有一定的偏见，那么人们也听不进销售员所说的话。

不论是何种原因所致，结果都一样——被拒绝。

这种悲惨的局面令销售员简直欲哭无泪，但是脸上还得露出微笑，那是一种无可奈何的笑。

这是为什么？不为什么，销售就是被拒绝的过程。

从心理学的角度来看，人和人之间都有一定的戒心。即便熟人之间也同样，一旦牵扯到利益，他们就会冷静考虑一下。熟人、有血缘关系的人尚且如此，人们凭什么相信一个陌生人对自己的介绍，马上就心血来潮，心甘情愿地掏腰包呢？因此，他们拒绝一点都不奇怪。

反倒是销售员，如果认为自己充满热情、产品质量优秀，就一定会得到消费者认可，就是一种十分天真的念头。

其实，拒绝是销售的一部分，就像任何事物都有它发生发展的过程一样，拒绝就是销售的开始。因此，若想从事销售这个行业，就必须先学会接受拒绝，之后才能想办法克服拒绝。

被拒也要留下好印象

有时推销员尽管尽了最大的努力，但仍然摆脱不了希望落空的事实，这是经常有的事。

推销员费了九牛二虎之力如果没有拿到一份订单的话，情绪一定很低落。如果被对方看出自己那副失魂落魄的样子不利于下次再拜访。

买卖不成仁义在，道别是很重要的表示仁义的手段。千万不要翻脸，应保持和蔼可亲的表情，一边收拾整理资料，一边还要再说上几句恭维对方的话，这样一来，你那不气馁的态度给对方留下深刻的印象。

告别时恭敬地说，"在您百忙之中打扰，真不好意思""下次还请您多关照"之类的话，和对方握手道别。离开时遇见其他员工也要一边点头告别，一边说"打扰了""再见"等客气话。

佛家里常说:"当下即是。"意思是说,"当下"的事物都是难能可贵的。所以,人应该对任何事物都存有感谢的心情。只要培养出这种心态,就能开发出难能可贵的智慧来。推销员被客户"无情"地拒绝,就应以"当下"的精神去感悟。

既然眼前的所有事物都是难得的,那么对方说"我不买你的东西"也是难能可贵的,同时能与对方见面就是可贵的!

人总是对于别人诚恳的谢意感到受之有愧,总是要想办法回馈给对方。所以,"心存感谢之情"是遭受客户拒绝时,一个专业推销员应持有的心态。

用思维转化来回应拒绝

通过电话、微信联系客户好长一段时间了,也逐渐摸透了客户的需求和痛点,而且自己也确信,自己提供的产品或服务对客户来说再适合不过了。但是,就在自己信心满满,准备与客户谈合同时,客户却不急不慢来了一句:"知道啦,不过我现在暂时用不着,有需要时再联系你吧。"有些销售员一听客户这么说,顺势会说"你啥时候需要,再联系我",接下来只能"静候佳音"了。的确,对于销售来说,"我暂时不需要",这句话等于是在变相地拒绝。

几乎所有销售员都遇到过这样的窘境,但这种看似是委婉又坚定的拒绝,其实是可逆转的。

要想成为优秀的销售,我们的思维一定要活跃,想到的点一定要多。要知道客户为什么抗拒?为什么"暂时不需要"?是他有足够的库存吗?是已找到更物美价廉的产品了吗?还是真的在几个月之后才有需求?

一般,如果客户说"暂时还不需要",说明他还感受不到紧迫感,或者是他还感觉不到你产品的价值。那如何快速解除客户的这种抗拒呢?下面提供几种有效应对的话术。

话术1:"若钱不是问题,您今天就可以做购买的决定吗?"

如果客户回答"不能",那就说明他还不够认可你的产品,你需要在客户心中重塑你产品的价值。相反,如果客户回答"是的",那接下来要弄清楚,究竟是什么影响了他购买的决定。

话术2:"您觉得什么时候购买比较合适呢?"

如果客户还是回答"真的暂时还不需要",那该怎么办?你可以问他:"如果我下个月再打电话给您,情况会发生什么变化?"看他会做出什么反应。

话术3:"您现在主要是担心时间,还是其他的问题?"

客户对于时间的抗拒很可能只是一个借口。要想找到客户迟迟不购买的真正原因,你就要问客户:"您现在主要是担心时间,还是其他问题?"如果客户说:"哦,我主要是担心×××问题。""我暂时不需要,是因为××(真正的原因)。"这样,你就可以知道问题到底出在哪里。

话术4:"如果您今天真的无法做决定的话,那无论我说什么,都只会浪费您的时间。不过,我手上刚好有一些对您来说非常有价值的资料,我可以发给您参考下吗?"

对于一些客户来说,不管你说什么,他都不会购买。所以,如果不断地向客户施压,只会适得其反,让客户更加反感。在这个时候,你就应该改变你的角色,成为客户的顾问:不定期地给客户发送对他有用的信息,给客户带来额外的价值。这样,你就能在客户心中建立权威的形象,下次当客户需要购买的时候,第一个想到的自然就是你。

当然了,有时候客户说他们暂时不需要时,其实是想表达另一层意思,如今年的预算已经用完了,或他没有决策权,或公司出了新的规定,采购要走新的流程,或是一种谈判策略,等等。这时候,既不要被"我暂时不需要的"话给迷惑了,也不要穷追猛打,而要学会巧妙地解除客户的抗拒心理。

客户:"我马上就要开会了,您下周再打电话给我吧。"

销售:"刘总,其实我已经尝试联系您好多次了。通常,当客户要求我下周再给他去电的时候,都意味着对于现在这个事情,他并不着急。请问,您也是同样的情况吗?"

客户:"行吧,如果你不想打电话给我,那就算了。"

销售:"对不起,刘总。我是非常乐意与您沟通的,但我不希望在您不需要的时候,经常打电话打扰您的工作。所以,最好在您比较方便的时候,我们做些简单的沟通,您看怎样?"

客户:"也好。"

销售:"刘总人真爽快,那就这么定了,周二还是周三合适呢?"

客户:"周二吧。"

很多时候,当客户说暂时不需要时,他们可能是对你的产品没什么兴趣,而且还经常不回你的电话、信息,这个时候,千万不要和客户说:"你经常说一会儿回复我,怎么老是等不到你的回信?"这样听起来很不礼貌,而且像是在责备客户,相反,你可以运用以上话术,把责任推到自己身上,反而可以让客户产生愧疚感。

所以,客户说"我暂时用不着",有时是一种拒绝,有时是一种谈判战术,有时是一种无奈。作为销售员,只有冷静地读出客户真正的状况,洞悉其真实想法,跳脱开固有的思维模式,才能消除其抗拒心理,达成最后的交易。

相信每一个人都有"不需要""用不着"的说辞,婉拒来拜访的推销人员的经历,若推销员无法有效地排除这种异议或是克服内心的受挫感,相信在推销的路上将寸步难行。

挽救被投诉的命运

投诉可怕吗?很可怕。如果投诉处理不当,八成的客户不会回来了。投诉可爱吗?很可爱。如果处理得好,是建立忠诚客户的最好契机。

只有4%的客户向你投诉,96%的客户不会向你投诉,但一个客户会将不满告诉至少 15 人。由此我们得知：不投诉后还会来的客户只有 9%，但投诉后得到很好解决的回头率达 82%。所以，我们要直面投诉，而且要迅速地解决问题。而且，有 96% 的顾客虽然不投诉，但不表示他们满意。投诉对于客户的返回率影响很大，如果不想只做一锤子买卖，就要认真对待客户的投诉。那么如何有效处理客户的投诉呢？

1. 倾听是解决问题的前提。在倾听客户投诉的时候，不但要听他表达的内容，还要注意他的语调与语音（语气），这有助于你了解客户投诉背后的内在情绪。同时，要通过解释并确保你真正了解了客户的问题。例如，你听了客户反映的情况后，根据你的理解向客户复述一遍，并请教客户我们的理解是否正确，这是在向客户显示你对他的尊重以及你真诚地想了解问题。

同时，这也给了客户一个机会去重申他没有表达清晰的地方。在听的过程中，要认真做好记录（所要表达的意思一定不能理解有误），注意捕捉客户的投诉要点，以做到对客户需求的准确把握，为下一步调解打好基础。

2. 对客户的困难要感同身受。客户在投诉时会表现出烦恼、失望、泄气、发怒等各种情感，你不应当把这些表现当作是对你个人的不满。特别是当客户发怒时，你可能心里会想："凭什么对着我发火？我的态度这么好。"

我们要知道愤怒的情感通常都会在潜意识中通过一个载体来发泄。对于愤怒，客户仅是把你当成了倾听对象。客户的情绪是完全有理由的，是理应得到最大的重视和最迅速、合理的解决的。所以让客户知道你非常理解他的心情，关心他的问题。

3. 要立即着手解决。在餐厅点菜后，如果等了一个小时才上菜，你觉得怎么样？时间一久，就不是服务了。速度是关键，速度体现了态度，一旦解决问题的时间被拖延，不论结果如何客户都不会满意，而且拖得越久处理的代价越高昂。

对待客户投诉，抚慰措施一定要迅速而有力，态度一定要诚恳和谦恭。

调查及流转工作应快速进行，要根据所闻所记，及时弄清事情的来龙去脉，然后做出正确的判断，拟定解决方案。

4.反馈信息要有持续性。如果在处理投诉的过程中牵涉的部门很多，难以迅速拿出最终的解决方案怎么办？那就需要让客户等待的过程容易一些。最好的办法是持续反馈事情的最新进展，哪怕没有进展也要反馈，这样做可以让客户放心。在等待处理结果时，性急的人超过两天就难以忍受，他们往往会认为2—3天没有任何反馈就代表石沉大海和推卸责任。所以在处理复杂的客户投诉时，一定要坚持至少每天反馈一次。

5.最好是能超越客户的期望。不要弥补过失，使客户的心理平衡后就草草收场，应当好好利用这一机会把投诉客户转变成忠诚客户。当与客户就处理方案达成一致后，以超出客户预期的方式真诚道歉，同时再次感谢他购买了公司的产品和我们的服务。

为客户服务的目的是什么？是得到客户的微笑吗？绝非如此简单。我们都知道：服务的目的是把每一个客户留住，努力创造忠诚的客户和口碑效应。通过正确处理客户投诉同样可以提升忠诚度，创造忠诚的客户。服务弥补的过程决不应是一个对客户恩赐"补偿方案"的过程，而是一个去争取回头客的过程。

始终坚持售后服务

没有哪位推销员与客户第一次见面就能确保百分百地达成交易，即使能，也是偶尔的幸运。当顾客已经明确拒绝过一次了，那么还有继续争取一次的必要吗？

消费者不但要求推销员有专业背景，更会要求产品的品质。他们并不介意必须多花一些钱，但是有一件事是绝对在乎的，那就是他们会要求推销员保证有良好的售后服务。

一旦客户对你的售后服务感到满意时，他们就会告诉自己的朋友、邻居和亲戚来向你购买产品了。

在日本企业界，有一句话：商品别回头，客户要回头。意思是：商品质量一定要好，不要让客户因为质量问题而退换商品；顾客服务一定要到位，让客户乐意回头找你再次销售。

要让客户回头，需要更加人性化的服务。要服务得客户一旦需要某些产品，第一个就想到你。服务是一项长期的工程，不能掉以轻心，也不能因循守旧，而必须时时刻刻为客户着想，发自内心地为客户服务，真诚地为客户解决问题，注意细节，勇于创新。那么在细节上，我们应该怎样去为客户服务，又该怎样达到客户的要求呢？

如果你研究日本那些成功的公司，会发现它们都有一个共同的特点——在各自的行业为客户提供最优质的服务。像松下电器公司、丰田公司、索尼公司这样的国际知名大公司在各自市场上占有很大的份额。同样，这些公司的推销员都致力于提供上乘服务，他们寻求更好的方式，以满足客户的需求。不管推销什么商品，他们都有一份浓厚的服务热情。

当你用长期优质的服务将客户紧紧包围时，就等于让你的竞争对手永远也别想踏进客户的大门。

你要明白，赢得终身客户并不是靠一次重大的行动，要想建立永久的合作关系，你绝不能对各种服务掉以轻心。做到这些，客户就会觉得你是一个可靠的人，一个值得信赖的人。这些事做起来是如此的简单，，但做到"几十年如一日"的优质服务确实需要一种持之以恒的自律精神。

我们之所以失去买卖的原因之一，可能就是因为自己没有向客户保证我们有售后服务。今天，在这个竞争激烈的销售市场中，我们唯一可以使自己的产品让客户记住和购买的方法，就是凭借良好的售后服务来提高客户的满意度。

同甘共苦的团队精神

团队精神，顾名思义，即强调团队，而不是个体。最受大众普遍接受的就是："把合作者看作是一个团队，由团队共同面对问题，由团队群策群力解决问题。特别忌讳单干"。

大多数推销员认为，推销就是一场与客户之间的战争。根本就不需要与别人合作，更不需要团队精神。实际上这是一种错误的想法。他们不知道，很多时候，产品推销的成功是需要彼此的合作来完成的。

原一平认为：一个推销员能否成功地进行推销，主要取决于自身的推销能力，但是如果把推销看作只是推销员个人的事就变得非常狭隘了，因为没有一个人是万能的。

为此，要想成为一个优秀的推销员，团队精神是必不可少的。团队精神具有目标导向功能、凝聚功能、激励功能、控制功能。如果一个团队缺乏团队精神。会产生严重的内耗。相反，一个具有团队精神的团队，会唤起团队每个人心中的荣誉感和自觉性，为团队目标共同努力。

在日常生活中，有很多优秀的推销员是通过团队合作进行推销的。现如今，单打独斗的时代已经结束。想要在最短的时间内完成高效率的任务，就要建立一个能共同作战的团队合作精神。那么，推销员在建立团队协作时应该注意哪方面的问题呢？

1. 找到一个好的搭档

找到与自己适合的搭档进行产品的推销，最重要的是要与自己的特长互补，即包括能力、特点、性格等方面。其实最好的搭档应该是自己最好的朋友。但是值得注意的是不要为了利益而合作，假使这样，再好的推销搭档也会为了利益而分崩离析。

2. 扬长避短

在任何一个销售团队中，哪怕只有两个人的合作也要做到分工明确，利用每一个人的长处。有的人善于表达，有的人亲和力强，有的人专业纯熟。如果每个人都能发挥自己的优势，两个人的合作则是强强合作。反之则会越干越糟。

3. 友好互帮

在推销的每一个环节，团队中的每一个人都要注意观察，主动发现问题并及时纠正、帮助大家改进。另外在推销过程中，一旦发现自己的搭档出现异常状况，就要挺身而出，出来打圆场。

4. 不要太过计较

团队相处，难免会出现摩擦冲突。但作为一名优秀的推销员应该学会宽容，只要不是原则性的问题就要有容人的雅量，不要斤斤计较。

另外，你的家庭也可以成为团队的重要力量。

人的成长离不开家人的支持。只有家人会全力的辅助和支持你，你的事业也会更上一层楼。

原一平把他的成功归根于他的太太。他认为，推销工作是夫妻共同的事业，妻子无意是他团队里重要的一分子。所以每当有了一点成绩，他总会打电话给太太，向她道喜。

无论从事何种行业，必须重视家庭，必须以家庭为事业发展的起点。取得家人的支持，还有一点就是努力改善家人的生活质量。

经过你的努力付出，取得丰硕的成果，与家人一同分享，并与他们一齐成长。有了团队的全力支持，天下无难事。

不论从事何种职业，必须重视家庭的力量。每当自己陷入低潮时，总是不断地鼓舞自己，正是靠着这种同甘共苦的精神，使自己能够很快地恢复干劲，才会与团队同心协力地奋战到底。

下决心再向虎山行

在做销售的过程中，拒绝就像销售的影子一样一直伴随着销售员。那么我们如何看待拒绝呢？只是埋怨客户不配合吗？面对拒绝，你是沮丧、一筹莫展，还是斗志昂扬、越挫越勇？

某些推销员拜访顾客，吃了多次闭门羹后，就心灰意冷没有信心了。殊不知，这正是考验的开始。其实成功与否，就看你的努力多大。其实被拒绝，并不是失败，而是"量变到质变"的必经之路。我们知道，量积累到一定的程度才会发生质变。

其实，在达到"成交"的顶峰之前，我们都需要一步步往上攀登。如果把拒绝看作"量"，把接受看作"质"。顾客的每一次拒绝，都会激起我们勇于攀登的斗志，同时也提醒我们要头脑清晰，认真踏好脚下的每一步。因此让我们像林肯所说的那样："屡遭挫折而热情不减。"

销售大师原一平在拜访一位重量级的大客户时曾经被拒绝过70多次。

当他掌握了一家公司总经理个人信息后，第二天就迫不及待去推销保险时，一位面目慈祥的老人打开了门。原一平以为这是总经理的父亲，于是就向老人自我介绍一番。老人在听完原一平的介绍后，彬彬有礼地说："总经理不在家。"

"请您告诉我，他一般什么时候在家呢？"

"公司事多，他的时间不好确定。"

原一平还想打探总经理的一些个人问题，但老人都以"不太清楚'推托了。

就这样，在接下来的三年多里，原一平拜访总经理扑空了70次。后来，他意外地从一个客户那里得知那位拒绝他的老人竟然就是总经理。原一平顿时有一种被人戏弄的感觉。哪怕这个老人告诉他自己不需要保险也比让他跑70多次强上一百倍啊！

原一平怨恨之后突然醒悟：如果老人不需要，为什么不直接拒绝。既然让自己一次次登门拜访，说明他有渴求。于是原一平决定再敲一次老人心中那扇紧闭的门。这次，老人被他坚忍不拔的意志所感动，原一平顺利地拿到了大额订单。

由此可见，任何成功都不是唾手可得的。那些成功的推销员，都具有鞭策自己、鼓励自己的内动力，在大多数人因胆怯而裹足不前的情况下，他们大胆向前，尽最大的力量去攀登，结果每一次的拒绝最后都会化为赞同。

当然，这其中，靠自己努力奋斗也要善于借鉴别人成功的秘诀，研究推销的技巧，尽量争取成功早日来到。尤其是新手推销员更要注意吸取成功者的经验，让他们带领自己少走弯路。

下面，我们来看看那些新手销售员是怎样成功的：

小雷中专毕业，进入办公用品推销行业。第一次去推销的商务区居住着很多高级白领。小雷有些胆怯，轻轻地敲了敲第一个公司的门。

"不行，你这样简直像轻音乐。"老板着急地喝道："要这样。"接着他便举起拳头，"咚、咚、咚"强劲而有力地敲着。

结果，门里传出一声喝问："谁？干什么的？我们不感兴趣。"随后就再也没有声音了。虽然被老板亲自带着，可他们仍然到处碰壁，这样跑了一个白天，小雷没能迈进一家公司的门，眼泪一个劲儿往下掉。可是再看主管，不管遇到多少次闭门羹，脸上始终不变的是自信的表情。主管安慰他说："在这个充满竞争的社会中，没有人会让你舒舒服服地成功。推销就是迎接挑战。记住要学会去接受拒绝。虽然你今天被拒绝，但明天依旧要保持对销售工作的执着与热情。我就是这样成功的"接着，他又举起了手，"咚、咚、咚"这样的敲门声似乎在告诉人们："开门，你的运气来了。"

小雷的眼睛有些发亮。他顿时振作起来。在以后的工作中，他不知敲了几百家门，吃了几百回闭门羹。慢慢地，敲门也变成了一种乐趣。最终在他不断敲门的第二个星期，终于有人把门打开了，买了他的办公用品。

以后，小雷用自己对这份工作的热情迎来了客户的喜欢，只要他们一听到铿锵有力的敲门声就知道是小雷来了，几乎每次都有人从他那里买到功能全而新的办公用品。

在推销过程中，客户总会自然不自然地以各种异议和疑虑拒绝推销。成功者知难而进，失败者遇到困难就放弃，这就是他们的差别。要做成功者还是失败者，自己选择吧！

再次敲客户的门

推销业界流行一句话，那就是"推销从被拒绝的时候开始"。到一家新客户那里访问如果被拒绝，千万不能泄气，必须安排一个时间再访问。要想拿到对方的订单，必须不断地努力，单凭一次访问是难以成功的。

做客拜访是日常生活中最常见的交际形式，也是联络感情、增进友谊的一种方法。那么，推销员在与潜在客户有了初步的了解之后想要进行再次拜访应该注意哪些技巧呢？

1. 巧妙使用问候函

在问候函当中贺年卡、短信息都是一个不错的"敲门砖"，即使是在初次谈话时粗暴拒绝你的客户，都要献上这一份温暖的心意。再次拜访之前，如果希望突破拒绝，就赶快致以问候吧，诚挚的问候是最理想的。

在科技高速发展的今天，使得我们离传统的信函越来越远。不过大多数人的内心还是怀旧的，所以一封充满诚心的信函更能发挥强大的效力。坦诚地与客户沟通，诚心诚意地希望有机会能为其服务，选择一些直率地用语，切忌千万不要写些晦涩难懂的文字。

不用信件，一张风景明信片，也是很有效力的。

总之，时间越长，再次拜访就越难以启齿。所以一张明信片、一个短信息、一个电话等都能表达诚挚的问候。但有些推销员总是以"明天再写；最近一定找时间打电话"的态度拖延再次拜访的时间,这样事情只会变得更为艰难。想到就做,才是专业推销员的风范。

2. 下定决心,直接再访

明信片访问或是电话访问只是单点式的接触,直接前去拜访不是更好吗?"好一阵子没有联络了,再去直接拜访,确实怪不好意思的。"千万不要有这种担忧的念头,与客户之间面对面的商谈才是成功最有效的方法。

对待客户要时刻保持一份善意的关怀,可以使交涉更为顺畅。在拜访长时间没有往来的客户时,要注意察言观色,适时告辞,切忌死赖着不走。如果对方强留,当然可以多待一会。当客户谈的兴致正高时,不仅要倾听,更要表示颇有同感,以产生共鸣。别只是在那猛点头,积极而适时地提出疑虑,更有意想不到的效果。人们对倾听共鸣的人,很容易打开心扉。同样,绝对避免中途打岔。

再次拜访吃闭门羹时,也要恭敬地告辞离去。

3. 与上司同行

在拜访许久未联络的客户时,如果对方的反应冷淡,不妨隔几天之后与上司一同前往再次拜访。连上司都出马了,客户会觉得自己身价不凡,自尊心得到满足,成交可能性自然就大多了。

与上司一同拜访时,不妨学学上司的应对方式,也可以趁此机会见到平常不易碰面的客户负责人。

交谈之妙、商谈之契,在于微笑。轻松的气氛是很重要的。卑躬屈膝的时代已经过去了,滔滔不绝、逢迎谄媚的态度只会引起反感,无异于自掘坟墓,而且又伤自尊。

推销行业是一种忍耐的职业。被拒绝、再访问;态度冷淡,还是要继续访问。一而再、再而三地说服客户。销售成功的过程,从来摆脱不了这个模式,每一个成功推销的个案背后,都有推销员数不清的汗水。

化解各种借口，把拒绝变成订单

在销售过程中，从接触客户、商谈说明到缔结合同，每一个环节都可能遭到客户的拒绝。特别是在快要成交的阶段，客户常常会莫名其妙地冒出许多借口：

"我收入太少，没有钱买。"

"我钱不多，不想投资。"

"我这种身材，穿什么都不好看。"

诸如此类的借口，就像大山一样横亘在推销员面前，挡住了成交的道路。怎么办？

此时，不少推销员都对客户的种种借口抱有恐惧心理，怀有挫折感，认为成交无望了。但是，对优秀推销员来说，却能从另外的角度来看待这些借口，从借口中判断客户的真实需求，并根据这些相关信息来确定进一步的对策。他们会逢山开路、遇水架桥，破解各种借口，把拒绝变成订单。

让我们来看一下推销高手是怎样破解这些借口的：

实例一：

顾客："这种颜色早就过时了。这个价格相对有点高了。"

推销员："先生，您有眼力，要是在去年我也认为这种颜色过时了。但是，今年一股怀旧风刮起，这种颜色推陈出新换新颜……您仔细看一下就明白了。"

实例二：

客户："抱歉，我没有钱了。"

销售员："谢谢您讲得这么坦白。正因如此，您才需要使用这种商品。这种商品可以用最少的资金创造最大的利润，一方面为您赚取利润，一方面又为您省时间。您不应该马上考虑吗？"

实例三：

客户：“金额太大了，我不能马上支付。”

销售员：“是的，大多数人和您一样，立刻支付有一定困难，但是，您可以采取分期付款的方式，这样支付起来就不会感到费力了。”

实例四：

有时候，客户担心自己购买的商品有服务不到位的地方，此时，推销员需要帮助他们打消疑虑，可以以假设的方式与顾客交流。

客户：我对你们的售后服务信不过。

推销员：“如果我能……您会不会……”

"我非常肯定我们可以做到这点。如果没有问题的话，是不是我们就可以成交了？"

实例五：

对于那些犹豫不决的客户，要催促他们下决心，对交易进行确认。比如：

客户：“等等再说吧。”

推销员：“您希望什么时候送货，您对送货时间有什么特别的要求吗，您希望我们把货送到哪里，我们什么时候开始比较好。”

这样层层递进，也不容客户有拖延的机会。

总之，在客户貌似拒绝的各种借口面前，不要悲观失望，也不要惊慌失措。只要懂得处理各种拒绝的技巧，冷静地化解客户的拒绝，就能消除你与客户之间的障碍，顺利实现成交的目的。

持之以恒去创造奇迹

麦当劳王国的缔造者克罗克曾有一句经典的话："世界上没有什么可取代持之以恒。才干不行，有才干的人不能获得成功的事司空见惯；天赋不行，没有回报的天赋只能成为笑柄；教育不行，世界上到处都有受过教育却被社会抛弃的人。只有恒心和果敢才是全能的。"

"持之以恒"这四个字说起来容易，做起来却是非常之难。

很多年轻人都曾经向苏格拉底请教，如何才能拥有博大精深的学问和智慧。这时候，苏格拉底总是告诉他们："你们先回去每天做100个俯卧撑，1个月后再来我这里吧。"

年轻人一听，都笑了，他们认为这是再简单不过的事情了。可是，1个月后，重新去找苏格拉底的人却少了一半。苏格拉底看了看，就时来的这一半人说："好，再这样坚持1个月吧。"结果，又1个月后，回来的人已不到1／5了。

1. 培养持之以恒的定力

简单的俯卧撑如此容易，但是要做到持之以恒也是如此之难，更不用说干什么大事了。因此，心态浮躁的人需要有意识地培养自己的定力和耐力，不妨先从身边的小事情开始。比如，像下面这个案例一样，来培养自己持之以恒的定力。

一位父亲为了帮助儿子改变没有耐性、做什么事都是三分钟热度的缺点，一天，他给了儿子一块木板和一把小刀，对他说："你每天在这块木板上刻一刀，只准刻一刀。"

儿子起初感觉这是一个很好玩的游戏，于是每天都会在木板上用小刀刻一刀。

可是，仅仅过了几天，儿子就不耐烦了，他问父亲："为什么不让我多刻几刀呢？我实在不知道您到底想让我做什么。"然而，父亲只是笑着对他说："过几天你就知道了。"

只是"过几天"，儿子感到有希望。于是照着父亲的话又做下去。

这一天，儿子照往常一样把刀划了下去，然而，奇迹发生了：木板居然被切成了两块。这么厚重的木板居然被薄薄的小刀拉开了，儿子惊喜地看着。

这时，父亲走过来对儿子说："你看，成功是不是很简单啊？你一直努力，就可以得到自己想要的结果。"

如果你想锻炼自己持之以恒的定力，也可以做这样一个小游戏，看看自己是否有耐性。如果你能成为胜利者，以后在工作和学习中都运用这样的习惯，你会发现没有什么是不能征服的。

2. 克服摇摆心理

其实，原一平保险推销的成功也是因为他的持之以恒，正是因为有这样的信念和毅力，原一平才能在保险行业取得如此大的成就。

3. 抵挡住诱惑

很多时候，有些人不能坚持下来，是因为来自外界的诱惑太多太大，因此就会中途放弃。

外面的世界的确很精彩和丰富，在选择面前我们往往会感到茫然无措。选择越多，越无法专注于一件事，最后越容易在其中迷失。如果今天干推销，明天又想干财务，后天又想干策划，那样，不仅自身资源捉襟见肘，精力和时间也不允许，疲于应付会拖垮自己的身体。如果不专注，不能向着一个目标跑，即便再努力，再坚持也无法达到成功。因为你在到处挖井，目标分散

成功的跑道由专注铺就。一个人在某一个时期或一生中一般只能确立一个主要目标，而不能经常变幻不定，三心二意。

当然，有些时候，很多人是在摸索和探索后才明白自己到底适合干什么，那么经过这样四处出击弄明白什么适合自己后就要专注，专心朝着自己擅长的目标前进，这样才会创造奇迹。

一位擅长画虎的画家很受人们称赞，因为他画的虎栩栩如生，几乎令人分辨不出眼前的是彩墨画还是大自然的真虎。

于是，有人提议说："您画虎炉火纯青，为什么不开拓一些画路，画画猫狗，画山水草木呢？"谁知画家摇了摇头，沉吟片刻，从床底下拉出一只大木箱："看看这里的画，你就明白了。"

原来箱子里全是一些山水、花鸟的画稿。那水平令人实在不敢恭维。此时，画家说道："你现在看到了我薄弱的一面，知道我为什么画虎了吗？"

专注于一个方面，这也是持之以恒的表现。因此，如果你想在某一领域有一番作为，就不能左右摇摆，看准了就要始终如一地坚持下去。即便再平凡的岗位也能做出一番令人刮目的成就，这就是熟能生巧的道理。

第九章
那些拒绝过我的客户还有价值吗

推销就是遭拒绝的过程。那么，推销员应该怎样看待客户的拒绝并化解这些拒绝呢？

客户口里的"不"，其实不是最后通牒。也许是在向推销员发出求救"帮帮我，请给我更充实的理由让我好下定决心购买你的产品"，也许是用来讨价还价的理由。关键是要听懂客户的潜台词，进而化解各种借口的拒绝，直至成交。

世界上没有永远的拒绝

销售的目的就是要成交，没有成交，再多的努力都是白费。可是，推销员每天要面对许多不同性格、不同背景的顾客，屡次遭到客户拒绝后怎么办？

如果遭到拒绝后就想：算了，再推销下去也不会有希望。这就大错特错了。

在日本日产汽车，有位荣获16年销售冠军宝座的推销员奥城良治。他成功的秘诀就是永不惧怕客户拒绝。他每日要访问100个潜在客户，遭到拒绝更是家常便饭，不计其数。可是，他都能坦然处之。这是为什么呢？

据说这主要来自他童年宝贵的启示。童年时，调皮的奥城良治在田埂间看到一只瞪眼的青蛙，于是便向青蛙的眼睑撒了一泡尿。可是这个傻青蛙居然连眼睑都不闭一下，还是张眼瞪着他。奥城良治感到实在可笑。后来，当他遇到客户的拒绝时就想到了那只"傻青蛙"。原来傻青蛙并不傻，它是以这种方式表现自己的适应能力。

因此，他建议推销员对于客户的拒绝，不必惊慌失措，只要运用"青蛙法则"就可以处之坦然。

1. 开始101次推销

处之坦然并不是被动地接受，而是继续向拒绝的客户发起进攻。因为销售就是被拒绝的过程，推销是我们的使命，没有勇气就别做推销。因此，在不断地被人推出门后，还要再次举起手来敲门，发扬"不到长城非好汉"的精神，开始你的101次推销。

原一平对此曾深有感触地说："推销就是初次遭到顾客拒绝之后的坚持不懈。也许你会像我那样，连续几十次、几百次地遭到拒绝。然而，就在这几十次、几百次的拒绝之后，总有一次，顾客将同意采取计划。为了这仅有的一次机会，推销员在做着努力。"

这是原一平的经验之谈，也是他成功的法宝。

2. 发扬厚脸皮精神

有些推销员遭到客户拒绝后会想，这太丢人了，我一个堂堂的名牌大学毕业的高才生居然落到这步田地，如果被熟人看到，岂不贻笑大方？这就是脸皮薄的表现。

人要生存，是需要一点厚脸皮的精神的，只是因为脸皮薄没法活。如果因为遭到拒绝，担心他人看轻自己就放弃，能有业绩吗？怎样生存、怎样养家糊口、怎样立足、怎样取得事业的成功？因此，既然是从事推销就不妨发扬"厚脸皮"精神。

3. 相信市场有需求

之所以说世界上没有永远的拒绝，是因为厂家无论生产产品还是提供服务都是在充足的市场调查的基础上开展的，不是某个老板头脑一热做出的决定。产品或者服务有着一定的市场需求，这就是推销的有利条件。

销售员的任务就是如何发现这些需求，了解需求的地域、了解客户需求量的大小、进而把产品推销到客户手中。至于遭到客户拒绝，就像任何工作的开展都不会一帆风顺一样，对推销员也是一个锻炼。试想，如果产品销售出来就供不应求，消费者就一抢而空，世界上就不存在销售员这个岗位了。

因此,"不为失败找借口,只为成功找方法",这才是销售员应该树立的良好的心态。推销员面对拒绝要不断给自己打气,特别是在目前供过于求、而消费者的需求又日新月异的情况下,更需要通过推销员的工作引导人们认识产品进而接受产品。因此即便遭拒绝后也要坚持继续拜访下一家客户,从茫茫人海中发现需求、挖掘需求、引导需求,直到成交。

希望不死,奇迹就能发生

成功者在遭遇连续的打击后为什么还能够坚持继续拼搏,原因就是他心存希望,始终相信自己是最棒的,是可以成功的。的确,希望不死,就有成功的机会。

二次世界大战结束后,在德国的土地上到处是一片废墟。

美国社会学家波普诺带着几名随从人员到实地察看。他们看了许多住在地下室的德国居民。而后,波普诺就问就向随从人员问了一个问题:"你们看像这样的民族还能够振兴起来吗?"

"难说。"一名随从人员随口答道。

"他们肯定能!"波普诺非常坚定地给予了纠正。

"为什么呢?"随从人员不解地问道。

波普诺看了看他们,又问:"你们在到了每一户人家的时候,看到他们的桌上都放了什么?"

随从人员异口同声地说:"一瓶鲜花。"

"这就对了!任何一个民族,处在这样困苦的境地还没有忘记爱美,那就一定能在废墟上重建家园!"

由此可见,希望的力量是强大的,只有在绝望中仍能追寻希望之花才能承受住打击,才能最后看到希望。

其实,世上没有绝望的处境,只有对处境绝望的人。如果自己心中根本就没有希望,不相信自己,不相信客户,就永远没有希望。

有专业调查公司通过对推销员进行调查做出这样的结论:48%的推销员,在第一次拜访遭遇挫折之后,就退缩了;25%的推销员,在第二次遭受挫折之后,也退却了;12%的推销员,在第三次拜访遭到挫折之后,也放弃了;5%的推销员,在第四次拜访碰到挫折之后,也打退堂鼓了;只剩下10%的推销员锲而不舍,毫不气馁,继续拜访下去。

结果80%推销成功的个案,都是这10%的推销员连续拜访5次以上所达成的。就是因为在这些推销员的心中始终盛开着一朵希望的花。他们相信自己的能力,他们相信即便被拒绝的客户也是有开发价值的,他们可以让客户重新回头。

我们都知道,推销遭遇拒绝的比例更高。比如,保险业就是这样一个行业。有专业的公司对世界上的保险业推销进行过一个数据统计,推销员平均每访问16个顾客,只有一个顾客购买保险,在目前的中国市场,实际成功率比这个数字还要小。因此,许多人绝望了,放弃了。但就是这样一个行业,原一平居然创造了奇迹。他是怎样做到的呢?就是因为他在遭遇磨难时能够为自己点亮希望之花,信心不死,希望不死。

曾经,在他应聘保险业务员时,因为身高只有145cm,年龄却已经27岁,被主考官一口否定:"你不能胜任。"

当时,对方的无礼态度彻底激怒了原一平,同时也激发了他的斗志。他不服输地问道:"请问进入贵公司,究竟要达到什么样的标准?"

"每月至少推销出10 000日元的保单。"

原一平几乎没有什么犹豫,就脱口而出:"既然这样,我也能做到。"

这就是他奋斗的目标,追求的希望。为此,每天他都鼓励自己,我是最优秀的!我是最棒的!信心使他充满希望,更有活力。就这样,凭着他充足的自信心、凭着他坚强的意志,许多陌生的客户由戒备到信任,由冷漠到热情,由抵触到理解,不但成了他忠实的客户而且还成了他的好朋友。而原一平自己也在保险行业取得了令人羡慕的殊荣，不仅摘取了日本也摘取了亚洲推销员之冠。

希望不死，不仅意味着对自己要充满信心，同时对客户、对公司、对产品充满信心。要相信公司提供给消费者的是最优秀的产品，相信公司为你提供了能够实现自己价值的机会，相信消费者必定会有需求。

既然金钱就是用来流动的，只有流动起来才能产生钱生钱的效应，因此，任何时候，都不要放弃希望，不要抱怨客户"太小气"，不要抱怨客户总是拒绝你。重要的是让客户明白他们投入的是否物有所值。因为消费就是支出，他们要考虑一下自己的投入是否值得。如果让客户看到花钱产生的效益，相信他们就会变拒绝为接受。因此，要时刻对自己、对客户充满信心，充满希望。

听懂"不"的潜台词

推销员经常遇到这样的情况，明明客户有购买的欲望，当你催促他们成交时，他们都会找各种借口推脱。最明显的表现就是说"不"来拒绝。

其实，这种拒绝只是客户的习惯性的反射动作。从心理学角度来说，每个人内心都存在着自我防卫机制。面对推销，客户的条件反射多数表现为轻微的异议，即使他们有成交欲望，也会说"不"。至于在面对大宗订单需要做出购买决定时，内心的"斗争"更是激烈。关键是销售员要听懂客户的潜台词。当他们说"不"的时候是什么意思？就是拒绝不要还是另有目的？

1. 客户说"不"是在求救

其实，有些时候客户说"不"既是成交障碍，也是成交信号。比如，有些客户说"不"就是因为害怕风险。

特别是采购大宗物品时，签单就意味着达成交易，双方责任义务的确定，白纸黑字写了下来，具有法律效力。所以，尽管他们有十分强烈的购买欲望，可一到签单时也会感到恐惧，害怕自己的决定是错的，要担负责任。此时他们说"不"就是在求救，希望推销员能帮助他们解决自己的担心。因此，对于这种情况，就要想办法消除客户的恐惧，降低他们对风险程度的知觉。

（1）分析风险

主动替客户分析出他可能会面临的风险，并针对这些风险说出你的解决措施，让客户安心。

（2）打破心理依赖

一件产品使用时间长了，很多人会形成习惯，总是使用这一种产品而不愿意改变。因此，面对新产品客户通常会说："我对现在使用的产品很满意，我现在不买。"

如果是这种情况就要帮助他们打破以前的心理依赖。面对这样的借口，你可以说："是的，我非常理解您目前的心理。不过，我肯定您换这条新的生产线后，每月会增加××元的利润。我曾接触过一个客户，原来也像您一样不想换新的，后来他尝试了一下，结果很令他满意，他还直后悔应该早点换呢？"这样说，有实例做证，客户就会产生尝试一下的冲动。

（3）让客户签字顺其自然

如果是小额购物，销售员可以先将订单放在他们采购好的商品旁边。当客户看好商品后自然看看订单，熟悉一下总价格。这样客户觉得一切非常自然又合理，也可消除成交时对订单的恐惧症。

2. "不"是"要"的指路牌

推销人员可能都有这种经历：有些客户嘴里虽然拒绝，但是对于商品却爱不释手，表现出一种欲购不能、欲罢不忍的样子，一边说"不"，一边还对商品恋恋不舍，不忍离去。这是为什么？这就说明，"不"就是"要"的指路牌。这些正是客户想要成交的信号。试想，如果客户是真的拒绝，不就扬长而去了，怎会对商品恋恋不舍？因此，像这种情况，客户的拒绝正是成交的开始。

其实，这就像谈恋爱一样，没有一个女孩会对第一次求爱的男孩说："好！我同意，答应你。"这样不是自跌身份吗？因此，虽然他们嘴上说"不"，内心是非常希望答应小伙子的。如果听不懂女孩的潜台词，男孩就无法恋爱成功。

客户的心理也是同样，客户既想要你的商品又不想马上答应你的价格，显得自己没有身份，因此一定要通过讨价还价一番，让你知道他的钱是不容易轻易得到的。此时，你不要因为客户难缠就甩手而去，那样就失去了一个客户。因此，只要我们能够成功地打消他拒绝的理由，就会立马成交了。

有人通过对上千名销售人员的调查发现，优秀的销售人员所遇到的客户反对的机会只是差的销售人员的十分之一，只是因为他们对客户的拒绝都能给出一个比较圆满的答复，因此可以学学他们的方法。比如，可以试着用以下的语句发问：您能否告诉我，是否还有其他不满意的方面？就此提问，客户会说出自己拖延成交的原因。

总之，拒绝并不可怕，拒绝正是客户认可的开始。因此，明白了客户拖延的原因后，就可以对症下药，从而实现顺利成交。

正确引导客户的需求

客户的需求是需要引导的，因为大多数客户并没有明显的消费欲望，特别是对自己不了解的新产品也会一口拒绝。这时候，如果推销员不失时机地引导一番，就可以达到成交的目的。

一位推销游戏软盘的业务员是这样对客户进行引导的。

当家长听完业务员的介绍后，回答说："孩子学习不好用啥都不好使！还买游戏盘，那不耽误她学习了吗？"

业务员听出了客户是对游戏盘有误解，笑了一下回答说："您孩子快上中学了吧？中学是最需要开启智力的时候。我这儿的这些游戏软盘，就是专门提高孩子兴趣，帮助他们开发智力的，不是普通玩游戏的那些盘。"

客户半信半疑："还有这样的游戏盘？"很明显，客户由于年龄和所接触的知识面关系，对这种游戏盘从未听说过，因此业务员认为自己有必要引导客户。他进一步解释说:"现在是一个知识爆炸的时代,不再像我们以样一味从书本上学知识了。现代的知识是要通过各种现代的工具来吸取,游戏卡也是现在孩子学习的重要工具。"

接着,推销员从包里取出一张磁卡摊开手提电脑说:"这就是新式游戏卡,来,咱们试一下,您就可以看出效果了。"

果然,不仅孩子,家长也被吸引住了。家长说:"太神奇有趣了。如果可以这样学习,我上学的时候也会对学习感兴趣的。"

业务员看出家长有购买的欲望,也附和说:"是啊!现在的孩子真幸福,连学习都可以用这种形象生动的方式。你说孩子能没有兴趣吗?我们厂家专门聘请专家顾问来开发孩子智力,引起他们学习的兴趣啊!"

当客户听说聘请专家,惊异地睁大了眼睛。推销员明白客户是担心价格高,因此不失时机地解释说:"可是这种产品的价格并不高,专家的目的也是为了推广普及,不给家长增加太多的经济负担,让所有的孩子都能用上。"听了这番话,家长放心了。

在这里,推销员通过解释和引导,让客户明白了学习游戏盘的功能;经过演示后,客户耳闻目睹后激发了购买欲望;接下来,推销员又不失时机地打消了客户对价格的怀疑,使客户最终采取了购买行动。

由此可见,即便曾经拒绝的客户也会有购买的可能,只要你引导得法,让他们真正明白产品的用途。推销员一要真诚,要抱着帮助客户的目的来服务;二要细心,发现客户的关注点;三要专业,帮助他们解疑答惑!接下来就要引导客户的注意力,让他们的话题转到自己的产品上来。

一般来说,在引导客户需求、说服客户成交的过程中运用一定的语言诱导是很重要的,所以推销员应视情况的变化,逐步把客户引向自己所希望的方向上去。

1. 有目的地进行语言诱导

首先,要有目的地进行语言诱导,必须让说服过中所有的语言指向要完成的心愿。例如，你要说服客户购买减肥产品就必须围绕着减肥进行。

但是，运用语言诱导的时候，必须强调话语的适当性，确保使用的语言能够达到一定的说服效果。

2. 语气带一定的诱惑性

其次，语气一定要带有诱惑性。可以暗示客户说："想象一下，使用了这个产品后，您的身材会像××明星一样苗条。多让人羡慕啊！"

3. 肯定性诱导发问

这种发问是综合方式的引导，也就是不用对方开口，自己就把成交的路口堵死的方法。比如：

肯定性说法——"这种产品是很受人欢迎的"。

诱导性说法——"这种产品品有大小两种型号，不知您愿意选一种？不过型号大的功率也会比较大，是否更适合您呢？"

发问的说法——"先生您决定好选那一种型号的吗？"

以上这种引导就是把客户"逼"进选择的胡同中，使他们非选择不可了。这种方式对于那些有明显的消费欲望，可是对产品的规格型号不了解的客户来说非常适用。

4. 运用合适的时间词

最后，在诱导进入说服的过程中，要注意运用合适的时间词，要让这些代表时间的词或短语可以引起人们的注意力，起到较强的效果。如："你打算多快做这个决定？""要一个还是要两个？""你看好了哪一种款式的服装？"省略了过程，直接就过渡到"要"的阶段，暗示了客户已经处在合作状态。这样说，就会给人强大的暗示指引作用。

总之，引导客户的需求也就是帮助他们选择合适的产品的过程。要让这些有价值的引导语言完全进入客户的意识中，必须在实践中融会贯通，灵活运用。

只有把握住分寸和方式，曾经拒绝的客户也有成交的可能。

找到客户的软肋

大多数推销人员在拜访客户时一听他们的种种拒绝的"借口",便觉得根本不可能成交,因此就放弃了。其实,有这种想法的推销人员白白放过了一个很好的成交机会。即便拒绝的客户也是有再开发的价值,也是可以成交的。只要找到客户的软肋,慢慢攻破,客户也会变拒绝为接受。

我们来看推销高手是怎样做的。

有一次,小王买了一件挺漂亮的大衣回来。丈夫看到后吃惊地睁大了眼睛:"天啊!你又买一件,你的大衣都进仓储间了,穿过几次啊!"

"嗨,本来我也没有想买,第一次有个老板对我推销时我一口回绝没有钱。可第二次,这位老板还没等我开口,就一个劲地夸我的身材,说什么这么好的大衣只有在你这样身材的人身上才能穿出效果!我一听,是呀,我这么好的身材不穿这样的衣服,让别人穿不就糟蹋了吗?何况我也是白领啊!形象多重要啊。就这样,一个月薪水出去了。不过这件衣服还真不错,是吧?"

一个没有购买需求的人居然成交了!就是因为商家找到了客户的软肋——听不得夸奖的话,商家抓住了它就顺利征服了客户。

其实,客户的软肋有很多方面。比如,人的自尊心是不可触犯的。特别是那些恃才傲物型的,自尊心更为强烈。因此,对于他们就不一定用恭维赞扬的方式,有时可以用激将法来促使他们下购买的决定。

只不过使用这种反其道而行之的激将法时,要掌握一个度。刺激客户重视自己即可,不可过度,激将不成反而伤了感情。当对方表现出适度的恼怒时,要注意缓和气氛。这样一来,才有沟通的可能。

来之不易的人脉

当世界改变时，有一件事会一直保持不变，那就是你一生中建立的人际网络。每个人所从事的行业归根结底都是人的事业，人脉就是钱脉，有着良好的人际关系，你的通路就会多。成功也要靠别人，而不是单凭自己。

一个意志消沉的年轻人，向销售大师贝吉尔请教，他说自己寿险推销已14个月了，刚开始做得还不错，但后来就不行了，感觉没有市场了。贝吉尔向他提了几个问题，发现年轻人对许多目标客户都浅尝辄止，浪费了许多"资源"贝吉尔告诉他说："你只做到事情的一半，回去找买过你保险的客户，由每个客户那里至少得到两个介绍名单。"

"记住，在你卖给一个人保险之后，再没有比你请求他介绍几个人的名字更重要的事，此外，不管你和目标客户面谈结果如何，你都可以请他们替你介绍几个朋友或亲戚。"年轻人高兴地告辞了。

6个月后，他又来到贝吉尔的办公室，他热切地告诉贝吉尔说："这些日子来，我紧紧把握一个原则：不管面谈结果如何，我一定从每个拜访对象那里至少得到两个介绍名单，现在，我已得到500个人以上的名单，这比我自己四处去闯所得到的要多出许多。"

"你的业绩如何？"

"今年6个月我缴出238000元单子，以我目前手头的保险来推算，今年我的业绩应该会超出100万元。"

谁能独自存在于成功的道路上？又有谁是真正的孤胆英雄？要知道，这个世界是紧密联系的，如果社会是一张网，每个人都活在其中的一个节点上，离开别人的帮助，谁也不能够成功。人脉，这是一个精准的词，从涓涓细流，最终汇成一脉江河，人脉自始至终决定一个人的成就。人脉比知识更重要。发展人际关系应当是推销员优先考虑的事情。

曾任美国某大铁路公司总裁的 A.H. 史密斯说:"铁路的 95% 是人,5% 是铁。"美国大师戴尔·卡耐基经过长期研究得出结论说:"专业知识在一个人成功中的作用只占 15%,而其余的 85% 则取决于人际关系。"所以说无论你从事什么职业,只要你学会处理人际关系,掌握并拥有丰厚的人脉资源,你就在成功道路上前进了 85% 的路程,在个人幸福的路上前进了 99% 的路程。

人脉是什么?人脉其实就是钱脉,必须通过不断的联系来加强。

对于推销员来说,朋友是第一生产力,认识朋友,包括把你的客户当朋友是一个长期的过程。一定要坚持做,才会有结果。推销员认识朋友,犹如石油公司一般。石油公司在提取石油之前,早已投入大量的资金去购置工具机器,又要聘请大量人员来进行开采和钻探工作。石油公司投下大量金钱去做一些不知有没有结果的钻探工作,但他们的心态认为这是成功之前的必然投资。

我们做销售的人,或者认识了 100 个人,才得到一单生意。但这并不代表我们浪费了 99 个人,因为我们得到一个结果,得到一个好客户。这是做销售的心态和代价。那么如何去认识更多的朋友,扩展自己的人脉呢?

首先要多交朋友。每天至少要和四个陌生人认识并倾谈。如果你每天和四个陌生人谈生意,你一定感到有压力,但当你转变心态,去认识四个朋友,了解他们工作的情况,明白他工作上的困难以及体验他保持今天成就的窍门,相信陌生人也乐意向你吐苦水。

只要你成为好听众之后,陌生人便会与你成为好朋友。由陌生人而变成朋友,由朋友变成客户,这个方程式是要遵守的。当你回家的时候,首先要自我检讨一下,今天是否认识了四位陌生人呢?

请记住交朋友的宗旨:你的目的是告诉人家你是要和人家交朋友的,至于销售,6 个月后再说吧!试试这个方法吧!如果你没有足够的客户或者朋友,你根本不能在商场立足的。

其次,通过朋友认识更多的朋友。让朋友介绍朋友每天认识四个人,和他们成为朋友，让他们为你推荐客户。还有，推销员可以广结善缘，帮助他人成功，同时提高自身价值。社交的本质就是不断用各种形式帮助他人成功，共享出你的知识与资源、时间与经历、朋友与关系、同情与关爱，从而持续地为他人提供价值。

推销员还应该让自己的付出多于回报，因为你会为别人提供价值，别人才会联系你。所以多考虑别人而不是自己。不要以为友谊是有限的，这是投资，会越滚越多。同时推销员结交朋友要懂得尊重别人，不能以高低贵贱区分朋友。

建立人脉的推介系统

一个不争的事实是：推销高手的大部分新客户都是来自直接或间接的推荐与介绍（你也许会想到"口碑"这个词）。如何更有效地利用老客户——这些无须发工资的"推销员"为你拓展业务？

大部分的生意都是花了许多的时间、精力及金钱，并且都是花在传统的以不停拜访为主的推销上，其实你只要花其中一小部分的金钱及时间，建立一个正式的推介系统，效果就会好上几倍。

为何要建立一套正式的推介系统呢？

这是吸引新客户的最佳方法。如果你希望你的生意发展到极限，你最少需要四到五个不同的推介系统。

在你决定架构推介系统时，你需要知道的基本资料如下：

你理想的准客户是谁（理想的准客户就是指你想要越多越好的客户）？你理想的准客户他们想要的利益是什么？你的竞争对手所提供的利益及结果怎么样？他比你强及比你弱的地方是什么？你所能提供的利益及结果怎么样？你比竞争对手强及比对方弱的地方是什么？理想准客户未能解决的最大问题是什么？你如何帮助他们去解决这一问题？

构推介系统时的几个注意点：

1. 如何去做

首先，当每一次老客户和你进行接触时，要礼貌地要求他们推介客户。你必须先设定这个舞台。

让客户知道你很喜欢和他们做生意，也许他们有一些相当熟的朋友，和他有着同样的价值及质量标准。告诉他，你需要和这些有价值及可信任的朋友认识，请你的客户推介。

接着，协助客户发现谁最能够从你所提供的服务及产品中得到收益。你必须先告诉他们这可能是什么样的人或单位，他们身在何处、可能在做什么，以及为何能够获利。

其次，表达你很想和任何对客户重要的人士见面、会谈或提出忠告等的意向，并提出愿意在并不期望产生交易的前提下，提出自己的咨询商意见，或对他们展示服务及产品。只有当你的客户视你为一位有价值的专家时，他们才放心让他们的朋友或同事和你联络。

如果你每天都能和你的客户这样做，你一定会得到数十位甚至上百位的新客户。你也可以让你的团队成员一起去做，你会看到当你建立这一积极的客户推介系统后，生意量在几个月内会成长几倍。

看看你建立推介系统前的生意有多少，然后将它们乘上10，再加一倍，然后再加一倍。这很有可能就是你建立推介系统后可能产生的结果。一个正式进行的客户推介系统将会使客户数量及利润成爆炸式增加。

经由推介而来的客户，通常消费额更高、买的东西更多，更能让你获利，也对服务及产品更加忠诚；而推介来的客户通常也会生出新的推介，它们会自我繁衍，生生不息……

2. 推介系统的构造

使用这一指南能帮助你及你的客户发掘与介绍更多新客户给你。

你理想中的准客户在人口学上的特征如何？收入、阶层、年龄、性别、种族、住宅、地理区域、生意种类、婚姻状况、宗教、社团或团体会员、交通工具、订阅杂志、有线电线或是报纸、教育背景、投资种类（房产、储蓄、股票、债券等）、生理健康、心理健康、健康嗜好、吸烟者或非吸烟者、饮酒情况、休假、购物习惯（零售—高档品或便宜货、邮购、杂志、电话等）、职务。

3. 谁能将准客户推荐给你

任何适用你行业的社群，谁能将准客户推荐给你？

厂商、客户、员工、竞争对手、亲戚、准客户、未转变为客户的准客户、邻居及朋友、会员、你的准客户信任的其他生意人及专业人士、你的准客户所倾慕、尊敬及信任的领袖或名人、杂志编辑、作者、特殊利益团体（书法、旅游、音乐、汽车等相同爱好团体等）、潜在客户做生意的个人及公司（换句话说，是有你想要的潜在客户的个人及公司）、政府法定机构。

4. 设定获得推荐与介绍的舞台

首先确定你有一个良好或有价值的产品或服务（如果没有，请改进）；对你所做之事抱尊崇之心；将你自己放在与竞争对手不同的定位；借询问他们自己以表达对客户的兴趣。

向他们解释，即使推介的客户并未下手购买，你仍将为他们提供一个有价值的服务，就是让他们知道他们应该寻找什么、该避免什么、该期待什么、可能忽略的又是什么，以及任何可能影响到推介客户的正负因素。

给他们合情合理的理由，让他们觉得应该替你推介客户。解释你的生意大部分都是靠推介而来，由于你真的会得到推介，所以你会投资更多的时间和金钱，以提供更好的产品及服务。

提供免费或折扣的产品或服务给成功推介后的客户，并且告诉他们，这是你为感谢他们而牺牲自己收入而提供的。

提供推介而来的客户特别的激励，包括优惠、保证退款、额外服务、折扣或其他认为可能对推介客户有价值的任何东西。

和过去曾经推介过你的人士保持密切联络与接触，告知他们所推介者已成为客户。对推介你的人要保持回报习惯，让他们知道后发生的事情。

在客户最能接受的时候提出推介的要求。这可能发生在你刚给他们优惠之时，例如退给他们一笔钱、完成一笔好交易等。这也可能发生在他们生命中一些奇妙的时刻，例如一名婴儿诞生、升级、特殊的荣誉、结婚、退休或调职等。

不要害羞，去要求这些推介；向提供推介的客户表示感谢之意；帮助你的客户找出该向谁推荐及介绍你，询问他们"你认识谁吗"？

5. 行动步骤

请回顾将你所知道并适用于你客户的因素一一列出，然后挑出一两个推介的程序，略加调整后就开始建立你的客户推介系统。

根据你与他们的关系、他们采购的层次与满意的程度，从你的客户名单上挑出最佳的推介人选，看看你在未来的5天、15天、30天及45天内可以得到多少推介。不断地调整你的系统尽量完美并到自己满意的地步，一旦证明有效，将之用在你的日常营运，并且持续地使用。

然后你开始试验及实施更多的系统。你会被介绍给数十、数百甚至数千名你可以服务、保护及在未来可以产生贡献的新客户。由推介而产生的客户愿意与你做生意的比较多，而且每一次购买的数量又比较大、生意往来也比较持久，同时较少讨价还价，更对你的努力会予以感激，并且会将他们的新友再介绍给你。

而你所要做的就是开始建立一个正规的推介系统，使客户到来水到渠成。

永远不要和客户争辩

永远不要跟客户争辩，这是一个简单的真理。但是，要真正实现这一点却相当困难。

请看下面一幕：

公交车上一位乘客发现做过了站，埋怨司机司机："你们怎么不报站名？"

"先生，这不能怪我们，电子屏幕已经显示出来站名，你难道一点都没注意吗？"

"什么？我以为你们要广播呢？我一直坐在那边注意听着呢，谁知你们用这种方式。如果你们报站名，我能听不见吗？这不是我的错！"

"真是见鬼了，我们没有报站名，其他旅客也没有座过啊！你自己不注意电子屏幕反而埋怨他人！你去提意见吧，这种方式又不是我发明的。"

结果，客户真的去投诉了，不过不是去公交管理站而是去报社，反映这种方式不人性化，如果盲人坐车怎么办？最后，公交公司改变了报站名的方式，那位司机也受到了严重的批评。

这位司机错就错在让顾客和自己都把注意力集中在已发生的问题上了，结果激化了矛盾，阻碍了对问题的解决。虽然当客户不认同自己的产品时，禁不住怒发冲冠，要理论一番。可是，争吵不能说服顾客，而只会让顾客寒心和气愤，永远把销售员拒之门外。

遇到这种情况，推销员应施展说服技巧，尽可能不让客户难堪。

第一，要让客户满足表现的欲望，然后迅速地引开话题。

第二，面带笑容同意客户。不妨把"对不起，我使您产生了误解"之类的话常挂嘴边。

第三，哪怕是客户错了自己也可以承揽过来。

有个人到麦当劳就餐，明明记得自己点的是草莓奶昔，可服务员给他的却是香草奶昔。于是，他找另一位服务员说明了情况，服务员二话没说转过身去给他拿草莓奶昔。就这时，伙伴提醒他说："你刚才点的就是香草奶昔，我记得非常清楚"此时，草莓奶昔已经递过来，客户感到很抱歉。此时，那位接待他的服务员没做任何解释，反而有礼貌地对他说："对不起，先生，我弄错了，祝您在麦当劳用餐愉快。"

客户的心中对这些服务员充满了感激。

第四，对于过于敏感的客户，要慎用词。

一次，一位女士怒气冲冲地走进食品商店，向销售人员喝道：

"我女儿在你们这儿买的苹果，为什么缺斤少两？"

销售人员一愣，然后礼貌地回答：

"请您先回去称称孩子，看她是否长重了。"

这位妈妈恍然大悟，脸上的怒气也顿时消去了，心平气和地微笑着对销售人员说："噢，对不起，误会了。"

这位销售员用委婉的语气指出客户所忽视的问题，这样既维护了商店的名誉，又避免了一场争吵。

从来没有哪位推销员能通过争论来说服客户接受自己的产品的。因此，要永远记住你的目标与使命：向客户推销产品，而非与他们进行争论！

让客户自我肯定

有些推销员面对客户拒绝时仍然要强行推销，这样狂轰滥炸，死缠硬磨效果未必好，等于是赶跑客户。此时，让客户自我肯定却可以起到柳暗花明的效果。

在原一平50年的保险推销生涯里，从不勉强任何客户投保。他认为如果客户拒绝后用种种软硬兼施的方法勉强让他们投保的话，将会产生许多中途解约或者服务中的一系列后遗症，客户会以此要挟推销员。这是得不偿失的。因此，他认为设法使准客户对推销的产品有正确认识之后，自己肯定自己的看法，自动自发前来购买，这才是推销员正确的做法。

原一平谈到自己的推销经验时说了这么一件事。

有一次，客户说："原先生，我们交往的时间不算短了，你也给了我很多帮助，有一点我一直不明白，你是做保险业务的，可我从来都不曾听你对我谈起保险的详细内容，这是为什么？"

"这个问题嘛……"

"为什么吞吞吐吐呢？难道你对自己的保险工作也不关心吗？"

"怎么会不关心呢？我就是为了推销保险才经常来拜访您啊！"

"那为什么从未向我介绍保险的详细内容呢？"

"坦白告诉您，那是因为我不愿强人所难，我向来是让准客户自己决定什么时候投保的，从保险的宗旨和观念上讲，硬逼着别人投保也是错的。再说，我认为保险应由准客户感觉需要后才去投保，因此，未能使您感到迫切需要，是我努力不够，在这种情形下，我怎么好意思开口让您买保险呢？"

"嘿，你的想法跟别人就是不一样，很特别。"

"所以我对每一位准客户都会连续不断地拜访，一直到准客户自己感到需要投保为止。"

"如果我现在就要投保……"

"先别忙，投保前还得先体检，身体检查通过之后，我有义务向您说明保险的内容，而且，您可以询问任何有关保险的问题。所以，请您先去做体检。"

"好，我这就去体检。"

也许你说原一平这样做是欲擒故纵，可是，让客户自己选择购买，相比推销员去说服那些持拒绝态度的客户来说，这种方式不是最为省力的吗？因为是自己主动选择，当然可以大大解除客户对推销员的抗拒心理。

当然，这种方式的运用需要艺术。我们来看原一平是怎样回答客户的疑问的。

当客户问他"为什么从未向我介绍保险的详细内容"时，原一平回答：从保险的宗旨和观念上讲，硬逼着别人投保是错误的。应由准客户感觉需要后才去投保，现在未能使你感到迫切需要，是我努力不够，我怎么好意思开口让你买保险呢？

这番话是很有水平的，其一，打消了客户对保险推销的错误认识。因为在大多数客户看来，保险就是拉来的，是推销员生拉硬拽，客户撇不开情面才买的。原一平这样说就打消了他们的怀疑。其二，原一平承认未能使客户感到保险迫切需要，是自己努力不够。把客户认识不足归结到自己身上，客户看到了他的一番诚意。

此时，客户反而感到不好意思了。因为他们知道是自己行动不积极所致，因此提出"如果我现在就要投保……"可是，原一平却卖关子说："先别忙，投保前还得先体检……"体检不合格还不一定能入保险，更让客户感到保险确实不是可以随便拉来的。

这就是原一平的成功之道。不是强迫客户选择，而是让客户自己去做选择。那么，即使体检不合格，他对保险的看法也改变了。

由此可见，化解客户的拒绝并非都要靠销售员孤军奋战，你完全可以借助客户的力量，引导他们自己说服自己，搬掉阻碍成交的大石头。这样岂不轻松无比？

第十章
怎样让时间变得更多一些

时间对每个人都是公平的，一天 24 小时。可是，同样的时间，为什么有些推销员取得了令人羡慕的成就，有些却平庸平淡，原地踏步。

成功必定有方法。如同所有光荣的桂冠都来之不易，原一平头上顶着"推销之神"，是由他近似乎自虐般的努力编制而成。为了做更多的单子，他想方设法让自己的时间多一点、更多一点……

凡事并不急，成功自会来

在人生的道路上，有些人看到别人走，自己也就拼命地赶路，以至于走得又多又远又辛苦。这类人通常是急性子的人。急性子的人做事情往往图快，而不考虑后果如何，也不考虑自己能否胜任。

这种急功近利的结果是，没有追求到自己所希望的。其结果就像下面故事中先急于开花结果的小树一样结局未必乐观。

两粒种子被农夫种到地里后很快长成了两棵同样大小的树苗。第一棵树苗一开始就打算早点开花结果得到农夫的赏识，于是在还未成熟时，便争先开花。农夫当然很欣赏它，经常浇灌它。

而另一棵树苗，决心长成一棵参天大树，因此它不急于先开花，反而拼命地从地下吸收养料，滋润每一枝树干。因此，在最初的几年，它并没有结果。这让急性子的农夫很恼火。

时光飞转，那棵开花的树，由于过早承担起了开花结果的任务，后来结出的果实苦涩难吃，并不讨人喜欢，相反却因此累弯了腰。老农诧异地叹了口气，终于用斧头将它砍倒了。而那棵久不开花的大树由于身强体壮，养分充足，终于结出了又大又甜的果实。农夫这才意识到它的价值。

由此可见，急于求成的结果只会导致失败。所以我们不妨放远眼光，争取结出又大又甜的果实。

急于求成的人一方面是因为自身性格急躁所致，另一方面也是浮躁心态的表现。因为担心别人看低自己，因此急于出成绩。可是一旦不能如愿又会匆忙放弃，因此他们一辈子都在寻找的路上。当他人做出可观的成就时，他们只有羡慕的份儿。

因为急于求成，办事匆匆忙忙，似乎每天都处于紧紧张张的忙碌状态，连坐下来思考的时间都没有。结果工作进行到一半或者邻近完工时才发现自己的工作漏洞百出，无法给上司交代，只好拆东墙补西墙，白白浪费了很多时间。

结果，别的人用半小时可以完成的工作，他们却用了三个小时，这样的工作表现即便再忙碌，也不是高效工作之道。这些人就是因为不善于动脑筋，没有找到工作的正确方法，最终也没有高绩效。

有些推销员之所以中途退出销售队伍也许就是因为急功近利，结果顾不上精耕细作，白白浪费了客户资源。

因此，凡事不能急于求成，任何事物的发展都是有规律的，应该遵循规律而动。只有遵循规律才能找到正确的工作方法，这样才能提升工作效率，既节约自己的时间又节约了工作成本还节省企业的资源。

推销员在屡遭客户拒绝时是耐心地等待着再次拜访的机会吗？如果他当时急功近利，因为没有订单而担心公司开除他就玩弄一些小手脚，怎能有好的结果？

推销如此，从事其他行业也是如此。有时候，因为急功近利就不停地工作并非优点，这样反而会模糊前进的方向。

利用时间要科学化、有效化

日本汽车推销冠军佐藤说:"一个无法管理好自己的推销员,是无法管理好他的客户的。"的确,一屋不扫,何以扫天下?自己都无法管理好的推销员,何谈管理他的客户?

推销相对来说是最自由的职业之一,一个推销员如果不管理好自己,他将必败无疑。推销员的自我管理,就是要使自己的思想行为条理化、规范化,以达到潜能的最大发挥、素质的良好利用。

推销员自我管理中最重要的一项是时间管理,把时间管理好了,那他离成功也就很近了。

1. 养成时间意识

研究那些被人们誉为"顶尖推销员"的人,你会发现,他们在和客户商谈之前,都会做好调查准备工作。他们总希望能够事先拟定好最佳的会谈方案,以便即时提供给客户。所以商谈一开始,他们的反应大都是:"您的时间很宝贵,我们就开门见山吧。"可见他们是如何重视时间!这样不仅为自己,也为客户带来了时间的节省和效率的提高。

但在现实生活当中,每一个人对于时间的认识,都有着不同的观念。是不是重视时间,完全要看个人本身对时间的态度和处理时间的办法。现在,来帮你计算一下到底实实在在拥有多少时间。每个人的平均寿命,大概有 70 岁。换句话说,今天在医院里出生的小孩子,他今后将会有 25000 天的寿命。当他走出学校,开始工作的时候,他就已经花掉了 20 多年的时间了;到了 50 多岁的时候,他已准备退休,自己人生最后 20 年,其实是"多余的时间",因为他无心也无力再战。

所以,我们应该大有作为的时间,便是中间的 30 年,即一万多天的时间,而在这段时间里我们又有休息、生病、放假等等,将时间花掉了,剩下来真正工作的日子,只有七八千天,甚至还不到。说到这里,你会惊奇自己有用的时间原来这样少吗?

时间既然这么少,你还忍心去做无谓的浪费吗?美国科学家富兰克林说:"时间就是金钱。"他又说:"我们不能向别人多抽些时间,也不能将时间储藏起来,更不能加倍努力去赚钱买一些时间来用。唯一可做的事情,就是把时间花掉。"是的,我们只可以花掉自己的时间,如果我们能够将时间"花得其所",就会在事业上取得很大的成功。

推销员所从事的工作,往往自由度比较大,于是大部分的推销员就把该工作的时间,用在了吃、喝、玩、乐等方面,结果可想而知,他们碌碌无为。他们的时间,不是金钱反而是"花钱"。要想成为一名成功的推销员,就应该像原一平那样有效地利用时间,将时间变出金钱。

2. 和时间赛跑

推销员是与时间赛跑的人,能有效利用一天的活动时间,是提高业绩的关键。

但如何才能有效利用活动时间呢?就是不能把拜访一个客户的时间,拖延到正常时间以上。有时不是访问时间决定效率的问题,反而是移动时间——从公司到达现场的时间以及往来客户之间的时间——影响了活动的效率。

虽然移动时间是必须的,但仍然要考虑节省。毕竟移动时间占了一日有效时间的 1/3,所以要谨慎利用。

有效利用移动时间,第一原则是"在移动过程中,决定下一位访问对象"。既然挑选访问对象也要挪用时间,不妨利用移动过程来完成该工作。

推销高手毫不例外,他们不会浪费一丁点的时间在移动的过程中。

至于有效利用活动时间,第二个原则是"对当天访问做全盘检讨"。推销员在访问客户后,通常会做下列工作:

1)对照进度,看是否与计划相吻合。

2)想想访问过程中是否遇到困难。

3）预定下次访问的时间。

4）搜集客户所需要的情报。

5）将下次访问活动的项目记录下来。

这些工作在记忆鲜明时去做，效果最好。因此与其回到公司再做，不如随身携带笔记本，在访问结束后就做。

对经常饱受塞车之苦的推销员来说，充分利用移动时间尤其重要。把那些平日难解决的课题趁塞车时解决，不是很好吗？

3. 对浪费时间说"不"

时间就像东流的水，公平公正地一分一秒流逝，逼迫人们总是想充分利用自己有限的时间。

但时间没有得到充分的利用，有时并不是自己的原因，而是迫于外界的干扰。所以，一个专业的推销员，要懂得对浪费时间的举动果断地说："不！"

许多推销员因为不懂说"不"而浪费了许多时间，你要理直气壮地说"不"，你要对自己说："我还有一个更重要的问题。"

不要告诉别人太多限制的原因，那样，对你是否做不同的规定又会产生争执。在你解释时，坚持你的立场——不留争论的余地。

一家化妆厂的推销高手刘小云，有一次到某公司进行演讲。演讲完毕后，该公司为了表示感谢，就请刘小云吃饭。随着吃饭时间的延长，刘小云开始表现出坐不住的样子，说："我要告辞了。"公司的很多人都还想听听刘小云的介绍，另外一些人则想消磨时光，便一致挽留刘小云。于是刘小云直率地说："我这样说也许会让各位生气，可是，我的时间很宝贵，今天来做讲演，虽然说拿了一些工钱，但如果因此而令我在饭桌上浪费超过30分钟的话，我是不会原谅自己的，所以我要告辞了。"

卡拉OK与高尔夫球是"时间杀手"，因为它们只是娱乐而已，它们不断吞噬人们的时间，并形成恶性循环。

对于有时必须交际应酬的推销员来说，这些东西当然不可短缺，不过只要学会就行了。尽管不能板起面孔拒绝:"我不懂这些。"可是沉迷其中,无法取得自控的话,将无休止地吞食宝贵的时间。沉迷高尔夫和卡拉OK,不仅造成夜迟不归的情形,甚至影响隔日的身体状况。

对这种恶性循环必须想办法加以断绝。首先早起,提早上班,趁早晨头脑清晰的时刻迅速处理事务,这么一来就不至于拖拖拉拉老是加班不停。推销员一旦不能弃绝这类恶习的话,通往成功的道路将关闭。

而对于会利用时间的推销员来说,他们不但能够与卡拉OK等划清界限,而且很会利用业余时间。

童话故事里的灰姑娘必须在午夜12点钟之前回家,同样的道理,推销员也要养成晚上9点以前结束在外活动的习惯。

如果你是属于晚睡型的人,回家洗澡之后,11点钟也能面对书案落座进修。美国著名推销员伊斯曼一年到头总将夜晚11点到午夜1点钟定为自己的个人学习时间。

即使是生活忙碌的推销员,只要用心实践,也能将前半夜定为工作时间,而将后半夜定为自我启发的时间。寻找确保个人时间的方法,这件事情非常重要。

至于早起型的人,后半夜则宜尽早就寝,以便第二天早起创造个人的时间。

当记者问超级明星彼比·尤金,什么是他尽力避免和最浪费时间的事,他毫不犹豫地回答:"无聊的午餐……跟不喜欢的人一起。"然后又说:"我发现在生命中得到的越多,不论是职业上或金钱上,你就选择得愈挑剔,我现在已经没有那种非去不可的午餐了。"

推销员应尽量避免浪费时间的会议、约会以及社交活动。但是,如果是必须参加的经常性例行活动,也许无法逃避。那么你要尽量想办法改善。

4. 长时间工作是成功秘诀

其实,推销高手成功的秘诀之一,就是长时间地工作。为了长时间地工作,他们——

　　放弃节假日；

　　尽可能地缩减与家人、亲友在一起的时间；

　　用最少的时间吃饭或拉上客户一起用餐；

　　一再访问同一客户，不惜耗时；

　　花功夫整理客户档案；

　　……

　　美国汽车推销冠军汉斯是位虔诚的教徒，因此每天早上6点起床后，一定要膜拜15—20分钟，然后才开始一天繁忙而紧凑的推销工作。

　　每天早上，盘子里有一些奇妙的东西，那是用海苔包起来的一个个不大的小饭团。原来，汉斯认为吃饭的时间也不可浪费，因此在穿衣时，他的太太就将一个个的小饭团放在他嘴里。这种小饭团是汉斯为了配合他的时间才发明出来的。

　　结束了推销工作回到家中，大概已是晚上8点到8点半。接着吃饭、洗澡，继续做未完成的工作，所以直到十一二点才能就寝，然后在睡梦中开始发明他的推销说辞。

　　汉斯说："推销的成败就决定于是否能忍耐长时间的工作。"

　　他又说："我的座右铭是比别人的工作时间多出2至3倍。工作时间苦短，即使推销能力强，也会输给工作时间长的人。所以我相信若比别人多花2至3倍的工作时间，一定能够获胜。我要靠自己的双脚和时间来赚钱，也就是当别人在玩乐时，我要多利用时间来工作，别人若一天工作8小时，我就工作14小时。"

　　推销高手以及其他行业里成功的人有一个共同点——拼命工作。他们有热情和充沛的体力，可以从清晨工作到深夜。以一般人的眼光来看，也许他们是像疯子一样地工作，没有清晨，也没有深夜，他们能够长时间地工作。

　　想要追求成功、获得高收入、有升迁机会、过幸福的生活，却不肯努力工作，这样的人的希望必然会落空，因为他们无法在商业竞争中获得胜利。

既然时间对于每一个人来说不偏不倚，并不给谁多、给谁少，那么，推销高手并不是靠拉长时间来赢得成功的，他们不过在节约时间，即节约了休息、进餐、娱乐等等不必要的时间，从而获得更多时间罢了。

推销高手都是节约时间的高手。谈到节约时间方法，最有效也最根本的是把事情按优先顺序列表，先做那些重要的，再做那些次要的，不必要的则不做。这里有一条基本原则，那就是：做正确的事，而不是多做事。

总结推销高手们节约时间的方法，可以归纳为以下几条。

1）根据预约推销，这样可保证推销时间的质量。

2）随时把一张记有30个最佳买主的名单带在身上，你可以在偶尔空闲时与其中一位或几位加强关系。

3）每天晚上为第二天写一份该做的事情的清单，这样你就为完成工作下了一半的决心。先做单子上列为优先的事情。

4）当客户数量已达到极限时，要把你的推销方式改为电话推销或直接邮件。

5）以集中和计划周密的方式进行推销访问，不要在你的整个安排中将它们分散。

6）向决策人推销，并通过会见其他对买方有影响力的人来左右每个推销合同。

7）做需要做的事，而不是你喜欢做的事。

8）总要再多进行一次访问。

9）经常地检查你的目标，并问自己，"现在怎样才能最充分地利用我的推销时间"。

10）避开那些不能很好利用时间的推销员们。

11）不管你选择哪一种推销行为，都要给它们充分的注意，以便你能在较短的时间内取得结果。

12）把耗时的推销活动分为较小的部分，以便你能不用大块的时间就能完成并取得进展。

13）把最佳客户放在最优先的位置，发展同重要客户的关系，并增添新的、合格的客户。

14）时间不要安排得太仓促。

15）建立客户推介系统，他们将帮你推销。

16）对询问要立即做出反应。

17）尽可能多地注意推销的各个方面，如时间安排、跟踪访问、辨别客户、写建议书等等。

18）严格要求，使你多次花时间访问的客户符合条件，尽可能使几位最佳的潜在客户成为客户。

19）想得少些，缩小你的注意范围。

制订推销计划很重要

今天的推销员，不仅在生产厂商和消费者之间起着沟通的作用，而且对整个经济的发展有着不可磨灭的功绩。这就意味着，做一个成功的推销员注定不容易。

它要求推销员除了必须具有高超的应变能力之外，还要熟练推销技巧。一个推销员要创造高人一等的业绩与丰厚的收入，其唯一的秘诀就是：训练、训练、再训练。

推销是以行动为导向的科学，没有付出行动，必定得不到收获。有效率的行动，要依靠制订计划来监督与约束。

一般来说，计划有长短之分。一般的推销计划有月计划、周计划、日计划。比较来说，月、周计划概括一些，日计划则要落实到时分、对象、路线等等。就推销访问来说，日计划其实就是一张行程表。

计划应包括什么内容、怎样制订呢？还是来看实例吧。

推销员甘兆勇关于行动管理的做法，非常具有典型意义。甘兆勇服务于业绩良好的某公司，该公司主要以寻找小型零售店进行巡回销售的业务为主。

甘兆勇每月均于月初将一个月的行动计划列入计划表，预定的行动表是以客户的采购金额、占有率为根据。他先计划好对客户每月访问次数的标准，然后制作成计划表。值得说明的是，他并非机械性地制作计划表，而是依据上个月的情况，如实际上与其他公司的竞争状况、商谈的进展情形、客户店面的信息（店铺改装、周年促销）等因素，然后再依照客户的实际情况分配访问日期。

月行动计划表制作需要花费时间和力量，但优秀推销员非常重视此项工作。其理由是，每月行动计划表是达成每月销售预算的必要基本程序。当然，每月行动计划表的内容，只是较粗略地描绘何时（何日）、到何处（客户处）等事项，其实只是一项工作"草图"，最后会发生偏差也是无法避免的事。

因此，周行动计划表就有必要出场了。甘兆勇公司所规定的每周计划行动表，都在每星期六做好，以使每月行动计划表更具体；同时，对月计划中所发生的偏差加以调整。这样一来，由整个月来看，每月计划行动的偏差经过调整之后，客户的访问预定日虽有改变，但各客户每月的访问次数，大致上仍可依照当初的计划进行。

周计划表一般包括5个W和2个H，即：When（何时）；Where（与客户洽谈的所在地，如客户的事务所、分支机构）；What（推销商品、探听情报）；Who（预定面谈的客户）；Why（访问目的，即商谈、收集情报、提出估价单）；How（如何推销、如何设定销售要点）；How much（订购预定额、订单数量）。

至于日行动计划表，其制作方法与周行动计划表相似，只是更加细化而已。

甘兆勇用以上的方法，依次作出每月、每周、每日的行动计划，每次都使内容修正得更具体、更实际，而使不当的访问活动造成的随便、浪费、多余、勉强等情形显著减少，使推销行动更有效率。制定周密的计划，是推销员成功的第一步。

一般来说，推销计划，尤其是较为具体的周、日计划，要遵循以下原则来制定和执行。

1. 具体化

把每日应做事项列成一览表，依事件的重要程度决定顺序，依次排列，逐日填写。

2. 顺序优行法

将当日的行动依序先后排列。顺序取决于事项的重要性，亦即把必须先做的事放在前面，而不是以难易程度做决定。此外也要考虑类似性，将相似的事项一起处理。

3. 注重单纯化

掌握推销的秘诀，避免不必要的浪费。

4. 不拘泥于工作日程度

推销计划只是大致的准则，并非绝对的原则。尤其是以人为工作对象时，随时会发生必须随机应变的突发状况，否则可能会不经意地冒犯客户，所以必须格外警惕。

早起的销售员有"肉"吃

有些推销员早上总是拖到最后一秒才出门，最后一秒才进公司。结果，一个匆匆忙忙汗流浃背的人最后一个出现在公司，手忙脚乱地开始边吃早餐边工作。可想而知，这种工作状态怎么可能去期待会有充满惊奇的一天！

俗话说："一年之计在于春，一天之计在于晨"。早晨的空气比较清新，而大脑在这段时间是最清醒，可以清醒地安排一天的工作。早起也是有效的时间管理的表现，不仅可以多产生工作效率，而且整整一天都非常高。如果晨练更是好时间。推销员都需要一个好身体，只有把身体锻炼好才能应付东奔西跑的繁忙工作。

另外，早起学习还可以训练自己的意志力，因为睡觉是一件很舒服的事情，尤其是冬天时暖和的被窝更会令人留恋，此时早起就是战胜自己的表现。抓住时光老人赐予我们的清晨这个机会，这将有助于你的健康，财富和智慧。

在一个拍卖集市的早晨，一群人正在议论着政府繁重的赋税。他们认为繁重的赋税等于剥夺了人们十分之一的时间。这时，走过来骑着毛驴的智者亚伯拉罕大爷。人们纷纷围上去，请他谈对赋税的看法。亚伯拉罕大爷站起身，开始引述老理查德的话：

"朋友们，赋税的确很重，但如果我们只付钱给政府，我们的事就好办多了。可是我们还有别的负担。懒惰的代价是税的两倍，骄傲是税的三倍，而愚蠢则四倍于税。在我们讨论这些的时候，早上的大好时光不就被你们浪费了吗，还是想想怎样抓紧时间挣钱吧。不然，贫穷会很快追上你。"

也许有人听到这种高论会不以为然。那些爱锻炼身体的人们还有那些退休的老人们不是每天都早起吗？他们是成功者吗？这样看问题就有些偏激。

之所以说，早起的鸟儿有虫吃是因为早起意味着勤奋，意味着凡事比别人积极，比别人努力，快人一步，行动迅速，所以才会比别人拥有更多的机会，去创造更多的业绩。

历史上，凡是在事业上取得一些成就的人无一不是勤奋工作、快人一步的人。一代文学巨匠鲁迅先生，在课桌上郑重地刻下一个"早"字。那个刻着"早"字的课桌，一直激励着鲁迅先生在人生路上不断前进，提醒着他要"时时早，事事早"，最终成就了一代文学巨匠。

"推销之神"原一平即便在公园里安身时，也是每天早起第一个公司的人。他发现早起就可以有充足的时间安排一天的工作，提前进入工作状态，达到省时、省力，提高工作效率，不会令自己手忙脚乱。正是因为他每天早起，给人留下了勤奋的印象，因此做成了第一笔保单，实现了人生中的第一次跨越。

他们知道，机会不等人，如果晚一步，等待自己的也许连可以果腹的小虫都没有了，也许连残羹剩汤都没有，只有到一些腐烂的食物中去寻觅了。正是在这种紧迫感的压迫下，他们才催促自己每天提前上路，参加到竞争者的行列中。

因此，要想在竞争激烈的今天生存，那就早些打点行装，开始上路。每天快别人一步，每年就可以快别人一大步，一生就可以步步先于别人。即使早行的路上会有薄雾遮眼，晓露沾衣，但只要朝着东方跋涉，必然会成为最早迎接朝阳的人。

一生之计在于勤

世界上从来就没有不经过勤奋努力就可以到达成功的人。只有勤奋才能抓住机会，只有勤奋才能改变命运。因此，"一勤天下无难事"。

销售也是如此，有人说销售成功＝勤奋＋灵感＋技巧＋运气，也是把勤奋排在第一位。

"推销之神"原一平之所以能创造出令人羡慕的业绩就离不开他的勤奋努力。他说过这样一句话："销售的成功就是99%的努力+1%的技巧"。这是他从工作中总结出来的经验之谈，他自己也一直对此身体力行。

在一次大型的演讲会上，台下数千人静静等待着日本推销之神原一平的到来，想听他的成功秘诀，等了10分钟之后，原一平终于来了。他走向讲台，坐在椅子上一句话也不说，半个小时之后，有人等不住了，断断续续离开会场。1个小时之后，原一平仍然一句话也不说，但这时，大部分人都走了，最后只剩下十几个人了，这些人很好奇地等着。

这时，原一平说话了："你们是一群忍耐力最好的人，我要向你们分享我成功的秘诀，但又不能在这里说，要去我住的宾馆。"

于是十几个人都跟着原一平去了，到了原一平的房间后，他脱掉外套，脱掉鞋子，坐在床沿，把袜子脱了，然后他把脚板亮给那十几个人看，人们看到原一平的双脚布满了老茧，一共有3层老茧。原一平说："这就是我成功的秘诀，我的成功是辛勤跑出来的。"

不仅在早期刚从事保险事业时，他无比勤奋，就是当他已名声赫赫、收入丰厚时，仍然没有停止过辛勤地工作。他每天总是睡得晚，起得早。他的太太曾充满关爱地劝他说："以我们现在的储蓄已够终生享用，不愁吃穿，何必每日再这样劳累工作呢？"

原一平回答："这不是不愁吃穿的问题，而是我心中有一团火在燃烧着，是这一团永不服输的火在身体内燃烧。"对工作充满无限地热爱，这就是他勤奋的动力。正是因为勤奋，他才获得了全世界营销界的最高荣誉。

原一平的成功秘诀同样也适合其他推销员。

营销界有这样一句话："一个成天与客户泡在一起的销售庸才的业绩一定高于整天待在办公室的销售天才。"要想为客户提供快捷的服务，离不开勤奋和及时。因为销售工作的一半是用脚跑出来的，要不断地去拜访客户，去协调客户，甚至跟踪消费者提供服务。

要勤拜访，才能与客户保持良好的关系。假如客户有问题了，推销员要以最快的速度在第一时间里赶到，争取他还没放下电话，我们就已敲门了。拜访的客户比别人多，取得成功的几率也会比别人多。

看看我们身边那些成功的推销员们，就会明白，他们之所以在同样的岗位做出了不一样的业绩，离不开勤奋。勤奋是一名推销员必备的素质。因此，要想做出别人好的业绩，要从众多的竞争者中脱颖而出，不要忘记用勤奋的双脚、双腿和双手推开那一扇扇希望之门。

做好每日收尾和明日计划

很多推销员可能都有这样的感觉：每天都有做不完的事情，工作一件赶着一件。规定的时间内没有完成工作，只得通过加班来完成，而长期加班必定又会导致疲惫，影响第二天的工作效率。

这个问题应该如何解决？

你是否问自己，对每天的工作做过计划吗？你每天完成的是计划中的工作还是额外增加的工作？

有些推销员就是凡事没有计划。东一榔头、西一棒槌。刚说好要出门拜访客户。匆忙中又想起来需要和另一个客户打个电话。谁知，一个电话打了半天，结果连拜访客户的事情也泡汤了。一天下来，他们发现，本来应该做的事情没有时间去做，或者没有做好，虎头蛇尾，反倒是一些不太重要的事情占去了太多时间。这样做就是没有计划性的表现。长远来讲，这不是改善工作效率的正确方法。

《礼记·中庸》上有这样一句话："凡事预则立，不预则废。"不论做什么事，事先有准备，就能得到成功，不然就会失败。提前做计划就是提前做准备。准备工作做好了，可以节省大量时间和金钱。凡事早做准备、预先谋划，就是有效的时间管理的表现。

那些成功者之所以办事能有条不紊，生活得从容不迫，与他们有效地时间管理密不可分。做计划就是有效的时间管理的表现。

推销工作本来就业务繁忙，千头万绪，对推销员的时间管理能力要求也越来越高，会不会利用时间，关键在于会不会制定完善合理的工作计划。既然是计划就要预先谋划，如果能抓住头天晚上的时间对第二天要做的工作计划一番有利于时间管理，提高工作效率。

香港第一富商李嘉诚曾经说过：昨晚多几分钟的准备，今天少几小时的麻烦。这是他成功的经验之谈。

在他刚开始创业时期，曾经遇到了一次千载难逢的机会。当时，北美最大的生活用品贸易公司要考察香港整个塑胶行业，并且从中选一家作为合作伙伴。为了在激烈的竞争中取胜，李嘉诚下了死命令：必须在一周之内，将塑胶花生产规模扩大到令外商满意的程度。

为此，李嘉诚和全体员工一起奋斗了7昼夜，每天只有三四个小时的睡眠。可是李嘉诚紧张而不慌乱，这就得益于李嘉诚前天晚上做好的工作计划。在他的工作日程安排表中，清清楚楚地标记着哪组人该干什么，哪些工作由安装公司做，以及每一天的工作进度。

北美生活用品贸易公司考察他的工厂时，看到一个小规模的新工厂居然如此井井有条地生产着，对李嘉诚的管理能力颇有好感。因此，后来他们选定李嘉诚的工厂为合作伙伴。

李嘉诚通过自己这样一个每晚做好计划的好习惯，显示了他有效的时间管理的能力，这种习惯保持下来，对他以后开创宏大的事业有很多帮助。

其实，不只是李嘉诚，很多成功的企业家和成功的推销员们都有这样的习惯：每晚安排一个固定的时间计划第二天的工作，以免第二天手忙脚乱，发生临时抱佛脚的情况。

正是因为他们善于利用晚上的时间来提前安排，也许他们每天比别人少休息一会儿，可是却能大大节约第二天的工作时间，增加第二天工作的效率。

相比之下，有些业务员把晚上的时间用来看电视或者出去玩上，这样的业务员肯定是没有什么出息的。有些业务员利用晚上的时间找客户应酬，喝酒聊天。这样的业务员看起来比前一类好，也会有单，可是他们把希望都寄托在客户身上了，没有给自己进行时间投资。时间一长你会发现，那些利用晚上整理资料，分析客户，做好计划的业务员他们取得的成就最大，因为他们善于谋划。

不管是谁，一天永远只能有24小时，你可以过得很从容，你也可以把自己弄得凌乱不堪。要想从容应对繁忙的推销工作，利用当天晚上的时间思考计划好明天的工作就能有备无患，而且，大脑的记性毕竟是有限的，也许明天一觉醒来，已经将前天晚上思考过的忘记得干干净净。因此，只有做好书面计划，才不至于挂一漏万的事情发生。

利用好那些零星的空余时间

现代人的生活节奏越来越快，许多人常常感到时间紧张，根本没有时间干许多重要的事。特别是从事推销业务的人，每天都处在东奔西跑甚至飞上飞下的忙碌状态中，虽然有时感到自己知识有限，水平有限，渴望通过闲暇时间的学习来弥补这一缺陷，可是大多都感叹，很难再找出大量的时间来学习了。

是这样吗？

鲁迅先生曾说过："时间就像海绵里的水，只要愿挤，总还是有的。"如果你认为自己的时间不充裕的话，那么，是否想到利用那些零星的时间呢？

据专家对我国城市居民一周工作时间的调查发现，他们每天真正用在工作上的时间只有5小时1分，而个人生活必需时间却占10小时42分，家务劳动时间2小时21分，闲暇时间6小时6分。可见，闲暇时间占怎样大的比例。而且，随着人们物质生活水平的提高，人们的闲暇时间增加了。

可是，大多数人都是在电视机打发掉自己一半的闲暇时光，甚至把业余时间用于打牌、跳舞、闲扯中。而那些注重业余时间价值的人呢？却把这些零星时间用来学习、提高自己，变成了财富和智慧。因为付出和收获是成正比的。收入就像跷跷板，玩耍的时间多，工作时间少，收入就会减少，反之收入就会高起来。基于此基础上的理想和追求也就大大不同了，这时自觉不自觉地就出现了与他人的差异。

哈佛有一个著名的理论：人的差别在于业余时间。业余时间对我们每个人来说是意味着狂欢无度还是适当地休息和充电，足以影响自己的人生。

这个道理可以用下面这个故事来说明：

在相邻的两座山之间，有一条清澈的小溪。每天，两座山里的寺庙里的两个和尚都会在同一时间下山去溪边挑水。久而久之，他们便成为好朋友了。

突然有一天，左边山上的和尚没来下山挑水，右边那座山的和尚心想他大概睡过头了。哪知第二天，还是没见他的身影；第三天也一样。一个星期过去了，还是没见到他的身影，右边那座山的和尚每天忙着为师徒们准备饭食，实在抽不开身去看他。

一个月后，还是不见他出现，右边那座山的和尚有些纳闷了，于是请了假来到左边这座山前去探望。

等他见到老友之后大吃一惊。因为这个和尚正在庙前悠闲地看经书，丝毫没有生病的样子。他好奇地问："一个月没见你下山挑水了，难道你不喝水吗？"

左边山上的和尚说："来来来，我带你去看看。"

这个和尚走到庙的后院，指着一口井说："这3年来，我每天做完功课后，都会抽空挖这口井。即使有时很忙，能挖多少就算多少。如今，终于让我挖出水，再不必下山挑水，可以有更多时间读读经书，练喜欢的太极拳了。"

"咦！时间还可以这样用。"右边那座山的和尚深受启发。跟这位和尚相比，自己的时间都白白浪费了。

时间无限，生命有限。在有限的生命里懂得把时间拉长的人就拥有了更多做事情的本钱。因为总有一天你会挑不动水。

在推销行业，原一平的命运能发生一番根本性的转变，就是因为他抓住属于自己的空余时间用来学习，提高自己。

原一平的太太久惠是有知识有文化的妇女，而原一平因为书读得太少，经常听不懂久惠话中的意思。即便在和高层次的客户交往中，原一平对他们的话也是一知半解，沟通很不和谐。为了改变这种局面，原一平决定利用自己的业余时间去充电。于是每个星期六他都会去进修。

这下，原本对原一平的行踪一清二楚的妻子产生了怀疑："丈夫干什么去了？还不告诉自己。"一次，久惠忍不住好奇地问原一平："星期六下午你到底去了哪里？"

原一平故意不告诉她。

过了一段时间，原一平的知识长了不少，与人谈话的内容也逐渐丰富了。原一平觉得事情已到这地步，只好全盘托出："我感到自己的知识不够，所以利用星期六下午的时间，到图书馆去进修。"

为了充分汲取知识，提高自己的能力，原一平不仅注重利用大块头的空余时间，也不放过对那些零星的空余时间利用。如果是乘车拜访客户，途中他不是在贪婪地欣赏着沿途的风景，而是在头脑中思考和这些客户的谈话，以什么方式效果最好。他苦练38种微笑也是利用空余时间。

原一平的成功说明这样一个道理，要取得一番成就就要比别人多付出，像鲁迅先生所说的那样把他们喝咖啡、聊天的时间都用上。

宋朝大学者欧阳修平日公务繁忙，谈起读书和写文章，他曾介绍说："钱思公喜好读书。坐则读经史，卧则读小说，上厕所读小辞。宋公垂在史院时，每次去厕所都必带书。我平生所作的文章，也多在'三上'，乃马上、枕上、厕上也。"

著名美国作家杰克·伦敦也是从来不愿让时间白白地从眼皮底下溜走的人。睡觉前，他默念着贴在床头的小纸条；第二天早晨一觉醒来，他一边穿衣，一边读着墙上的小纸条；刮脸时，镜子上的小纸条为他提供了方便。不仅在家里这样，外出的时候，杰克·伦敦也不轻易放过闲暇的一分一秒。出门时他早已把小纸条装在衣袋里，随时都可以掏出来看看，想一想。

这些人注重对业余时间充分利用的方式方法，即使在今天也有许多借鉴之处。如果推销员想让自己的人生像原一平那样来个翻天覆地的大改变，就不要忘记利用自己空闲的时间提高自己。

比如，用午餐时间与客户约会，每年可以多赢得1个月时间。每天利用路上的时间学习，一年至少多赢得600小时（75天）的学习时间。在等公共汽车时有近10分钟的空当时间，如果想一想自己将要拜访的客户，想一想自己的开场白，对自己的下一步工作做一下安排也是合理地利用零星时间的表现。

总之，哪怕把空闲的时间抽出一部分来，积少成多，也是很可观的。最终你会发现，自己像储存粮食的蚂蚁一样，为时间扩容了，不会感到是时间的奴隶，而是时间的主人。自己的销售工作可以从容不迫地进行，自己的人生也得到了丰富和提高。

战前要检查"装备"

士兵在上战场之前，需要仔细地检查一遍自己所携带的装备是否齐全。推销员在进行推销活动之前，也应养成检查自己"装备"的良好习惯。否则，交换名片时发现名片用完了，合同填了一半发现钢笔没墨水了，出现诸如此类的尴尬，和一个士兵上了战场后发现头盔没戴、子弹不足又有什么区别？想打胜仗，门都没有！

推销高手建议所有的推销员在每一次与客户接触之前，都要检查以下15项内容，确保万无一失才能出发。

1. 是否有充足的时间？要保证绝对准时不迟到！
2. 有关商品的销售资料是否完备？要保证资料一应俱全并且排放整齐！
3. 客户的经济背景如何？
4. 他比较喜欢哪一类商品？不喜欢的是什么？
5. 他没有买什么？
6. 我向他做些（或做了些）什么承诺？
7. 客户上一次是针对哪方面提出问题的？我必须仔细研究清楚，因为对客户的任何不同意见我都必须能够一一答复！
8. 有何条件？
9. 还可以做什么附带的购买建议？
10. 我还有什么额外的信息或服务可以提供给客户？
11. 我有什么创意、新消息或有趣的东西可以给他？
12. 我应如何开展谈话？谨记：感情、理解、情感。
13. 我要向他提出哪些问题？
14. 我准备好的答案有哪些？

15. 我应随身携带并且能展示的东西是什么？

以上 15 项推销员临行自检，虽然做起来有些烦琐，但成功来自细节。坚固的大厦是由一砖一瓦构建而成的；同样，千里之堤毁于蚁穴。推销高手与庸人，其分野有时只是在于细微之处。想要成为推销高手，请先从细节做起！

据教育专家们的研究，28 天的坚持可成就一个习惯。矢志做推销高手的你，不妨将临行检查的琐碎事情坚持 28 天；一旦该项活动成为习惯，相信对你的推销生涯有莫大帮助。

与其抱怨，不如改变

不论在生活还是在工作中，在我们的身边，可以说几乎很少能看到不抱怨的人。人人都会抱怨，天气太糟、道路拥堵、物价又涨了……推销员更会抱怨自己的工作忙不完，干得多，挣得少，客户又不配合等。总之，凡遇到自己不愉快和难以满足自己需要的事情，抱怨情绪就油然而生。

你是否发现，只要抱怨一旦形成习惯，生活中无论什么都无法让自己满意，首先想到的就是抱怨。当工作出现困难或问题时，上下级之间、各部门之间，纷纷将责任推向对方。结果，抱怨就会形成一个正在越滚越大的雪球，马上就要发生愤懑的"雪崩"。当抱怨成为一种习惯，人会很容易发现生活中负面的东西，加以放大，进而感慨自己生存的艰难。

其实，人生就像一座高山，有的人没爬上去，不怪山高，只能怪自己体力和能力有限。因此，如果你是个喜欢抱怨的无能者，从现在起，不要为自己的无能找借口了。

那些爱抱怨的人是否发现，有些人从来不抱怨，不论在任何情况下，他们都会把他人的抱怨看成是解决问题的机会。在他们看来，办法都比问题多。即便是自己的条件不如他人，即便是那些不公平的待遇他们也能暂且忍受。因此，在别人的抱怨中他们成为事业和生活的宠儿。

1. 用"如何"来替换为什么

从现在起，你可以尝试用"如何"来替换为什么，使自己充满热情和挑战，例如你可以问自己："我如何才能做到？""我如何才能让老板给我升职？"等等。你会迅速看到你的惊人转变。

2. 努力显示自己的价值

如果你觉得自己目前没有被上司重视，如果你认为公司给的薪水并不是你期待中的，那么在工作中千万不要把对老板的不满挂在心上。在不利的形势下，越抱怨，离自己的目标越远。明智的做法是专心于工作本身，通过努力工作创造更多的价值，来证明你自身的价值。如果你这样做了，上司对你的态度会慢慢转变。

3. 创造公平

一千句看似很有理由的抱怨，抵不上一个小小的行动。

生活需要阳光，进取需要智慧。既然你不满于现状，最好办法就是停止抱怨，奋发努力，做出个样子来给别人看。否则，当一个人过多地被语言困扰的时候，只能为自己的成功设置一道道路障。

时间不该花在小订单上

新手推销员往往会犯这样一个错误，把大量的时间都花在一个小订单上。这种现象比较常见。试想，他们在历经无数次拒绝后好不容易找到一个有意向购买的客户，心情怎能十分激动！在激动的心情下，就忘记了付出和得到是否成正比？

如果是新手推销员这样做可以原谅。毕竟就算是小订单，对他们也是一种鼓励。可是，许多工作几年后的推销员也犯这种错误，就不能不重视了。这样做不仅影响自己的销售业绩，同时也影响公司的业绩。

通常来说，小额订单的成本是很高的，对于厂家来说几乎没有什么利润。

既然没有利润可图，工人靠什么维持生存，企业怎能发展？这些推销员是否考虑过？

推销工作虽然是推销员一个人再做，可是企业为此提供了大量的支持力量，他们付出的成本也需要考虑在内。最主要的是，只注重小订单会大大增加自己的工作时间，无法把时间用在大客户、大订单上，结果得不偿失。

比如，在福建有家生产出口玩具的公司。他们接到的一批电子玩具的订单就是要求一个柜子包括15个货号，而每个货号平均数量不过20箱。完成这样的订单就意味着一个货号要一条生产线，而且还要频繁调整。工人也对此怨气冲天。因为他们的薪水是按件计算的，这样零打碎敲当然比不上批量生产数量多。公司的收益也会受影响。加班加点的结果是：工人累，公司也累。

生产是这样，推销也是同样，小订单对自己、对公司都不划算。因为时间就是金钱，如果把用在小订单上的时间用来做大订单，收益会是翻番的。

比如，甲业务员用整整一上午的时间去拉小订单，数额是500元；而乙业务员用同样的时间去做大订单——5万元，谁获利最大？提成最多？当然是乙。再者，即便是乙用了一天的时间去拉大订单，也比甲一天成交两个小订单客户划算。

因此，那些总抱怨时间不够用的推销员是否想过，自己是否把大量的时间用在拉一笔小订单上了。

任何事物都有独特性，小订单虽然不能带来大订单一样的利润，可是有些时候，小订单赚取的利润可观，又不浪费太多的时间也是可以为之的。

比如，一个小客户有一定数额的稳定的需求，对推销员来说，利润可观、路线熟悉、沟通方便，那么，拜访他们就不需要浪费太多的时间。他们比起那些分散的需求数量小，品种不一的许多小客户，就不会浪费时间，对于这种订单就可以争取。

虽然一个推销员的工资开支对企业来说微乎其微，不占很大比例，可是，假如有一批这样的推销员，企业就无法获利了，更不用说发展！因此，推销员在和客户成交时要算一笔时间上的成本账。如果自己付出和得到的不成正比，就不要做这种赔本的生意。

在拉订单时，可以"势利"一点，向大客户靠拢。企业靠客户生存，尤其是靠那些能给企业带来固定利润的忠诚大客户生存，而非仅是靠产品、靠员工生存，因此你别无选择！这是现实，这样做，才是明智的选择，也是一个会有效利用时间的推销员应该具备的工作方法。

节省时间，帮人也为己

让客户满意就要持续不断地减少客户的其他消费成本。成本不仅是金钱，时间也是他们的成本。就像推销员考虑拉小订单客户会浪费自己太多的时间一样，客户也会考虑自己在交易上所花费的时间。如果某个推销员在推销过程中占用了他们大量的时间，即便成交客户也会有不合算的感觉，因为他们感到自己增加了很多成本。因此，推销员要懂得珍惜客户的时间，为客户节约时间。节约客户的时间也就是节约自己的时间。

也许有些人会对此感到奇怪，客户的时间又不是我的，怎么能说帮客户节省时间也是帮自己节省时间呢？这个道理可以用下面这个故事来说明。

从前，有一位爱民如子的国王，担心自己死后，百姓是否也能过上幸福的日子，于是他召集了国内的有识之士，命令编写一个能确保百姓永世幸福的法则。

三个月后，学者们把三本六寸厚的书呈给国王，国王翻阅了一下命令众学者继续钻研。二个月后，学者们把三本简化成一本呈给国王，国王还是不满意。三个月后，学者们把一张纸呈给国王，这次国王看后满意地说："很好！"原来这张纸上只写了一句话：天下没有不劳而获的东西。

这位国王的确够英明了。他知道在当时经济条件十分落后的条件下，百姓需要为生计奔忙，没有时间去看厚厚的书，因此让大臣把幸福法则缩成一句话。其实，这样做也是节省国王的时间。试想，百姓如果都翻看大部头的书，没有时间耕作，不是增加了国王的管理成本吗？

同样，客户也需要推销员管理。如果浪费客户的时间等于就是浪费自己时间，而为客户节省时间也是帮自己节省时间。想一下，如果客户在短时间内就能与自己沟通顺利，达成交易不就可以用剩余的时间去开拓其他客户了吗？因此，从这方面来看，为客户节省时间也是帮自己节省时间。

要懂得尊重客户的工作习惯，不随便打扰他们的工作时间。即使面对面拜访也是长话短说，目的就是避免客户生厌。俗话说：话多了不甜。即便是赞美客户的话说多了客户也会感到推销员言不由衷，更何况推销商品呢？因此，从这方面考虑也应该考虑节约客户的时间。

那么，怎样才能达到此目的呢？

1.拜访前，确认以下事项：

（1）预约时间。如果没有预约要提前预约，已经预约过的也要核实一下，好让客户安排一下手头的工作，避免直接去会打乱客户的工作。

（2）工具是否备齐。拜访客户前要检查备用的工具是否遗漏。如果忘记了一些不该忘记的资料，客户会很不满意，这意味着他要花出更多的时间和你沟通。

（3）集中拜访同一区域的客户。推销员的时间应花在与客户的沟通上而不是花在交通上。因此，把同一区域或附近区域的客户尽量集中在同一时段拜访，也可以为客户节约不少时间。

2.拜访中，开门见山，直述来意

初次和客户见面时，有些推销员总爱天气、心情、新闻等乱扯一气，只听得客户心烦。客户的时间是宝贵的，他们也不是请推销员来闲聊的，因此，可用简短的话语直接将拜访的目的说明。比如：××先生您好！我是××厂家的销售员，是来谈供货合作事宜的。这次拜访就是需要您提供一定的配合和支持等等。

另外，开门见山自我介绍也可以避免客户误会。

3. 拜访过程高效

在拜访客户的过程中，要让客户感到你办事高效。如果你习惯用左手写字，那么需要记录客户的谈话时可把手机可以放在右边。这样有人打来电话就可以顺手拿到。

有些推销员没养成这些的好习惯，记录表、手机、茶杯等到处乱放。有电话来时，手脚乱动，一不小心不是碰翻了茶杯就是把手机弄到了地上，这样就给客户不沉稳的印象，会分散他们的注意力。因此，在这些细节问题上落实到位，也可以减少时间的浪费。

4. 利用高科技的工具

在科学技术迅速发展的今天，利用好高科技工具也能为客户省下很多时间。

比如，你要为客户发一份重要的资料，一个邮件就搞定了，还省了差旅费。对客户来说也方便很多，他们有空余时间时就可以打开观看。

至于寻找客户、和客户沟通可以通过 QQ 聊天工具。因此，善于利用高科技的手段，自己也可以在一天之内联系更多的客户。

5. 妥善整理客户资料

客户的资料妥善整理也是增加工作效率、减少客户时间的好办法。因为从客户资料的整理中可以发现对方的爱好、兴趣、生活方式、家庭条件等。对这些心中有数，下次拜访时沟通就有目的性。

既然人生就是由时间组成的，那么，让我们本着为客户负责、为自己负责的精神高效运用好双方的时间吧。那样，客户舒心，自己也才会得到比较满意的结果。